KB124970

취업 스펙 매니지먼트

# 식스팩

# 취업 스펙 매니지먼트

# 식스팩

SIX PACK

**전지혜** 지음

중앙경제평론사

[여는 말]

# 건강하고 튼튼한 〈식스팩〉을 위하여

**"어떻게 하면 제일기획에 들어갈 수 있나요?"**

내가 가장 많이 듣는 동시에 나를 가장 곤란하게 하는 질문이다. 광고가 좋아서 열심히 한 건 맞고 무언가 운이 좋아서 합격한 것도 같은데 도대체 왜일까? 언젠가 나도 무척 궁금했던 것 같다. 하지만 물어보려 해도 누구에게? 어느 한 사람의 의지로 누군가의 입사 여부를 결정하는 회사였다면 이 곳에 있는 의미를 찾지 못했을 것이라 생각된다.

나는 강원도 춘천의 한림대학교를 졸업하고 2010년 삼성그룹 신입사원 공개 채용을 통해 제일기획에 입사했다. 처음 내게 쏟아졌던 많은 선후배들의 격려와 축하는 그의 곱절이 넘는 질문과 고민으로 바뀐 지 오래다.

스펙 공화국이라는 잔인한 이름으로 불리는 이 나라에서 외로운 싸움을 계속하고 있는 그들의 마음이 전해졌다. 선배로서 답 비슷하게 생긴 무엇이라도 내놓아야 할 의무, 사실 의무나 책임을 가질 정도로 멋진 선배라기 보다는 일말의 양심이랄까? 그 비슷한 것을 느껴오던 때였다.

여전히 내게 답은 없다. 다만 안으로는 제일기획에 들어와 광고회사, 또한 대기업, 나아가 사회가 어떤 곳인지 알아가면서, 밖으로는 과거의 나로 대변되는 많은 후배들의 고민을 나누면서 어렴풋이 알 듯 말듯 했던 무언가가 서서히 머리 속에 그려지는 것을 느꼈다. 처음에는 막연히 그것들을 쓰고 싶다 생각했고, 쓰고 보니 이야기하고 싶어졌다. 건강한 노력과 성실한 시간으로 아랫배에 든든히 새겨진 그것과 닮았다 하여 《식스팩》이라 이름 붙였다.

《식스팩》은 스펙을 부정하는 신랄한 비판도, 싸워서 이기자는 격렬한 전투의 메시지도, 눈물나게 뜨거운 위로와 격려도 아니다. 다만 누군가는 스펙을 증오하고 누군가는 미친 듯이 쫓아가면서 정작 그 뒤에 감춰진 것들의 중요성은 간과되는 것에 대한 안타까움에서 출발했다. 〈식스팩〉은 아마도 히든 스펙이다. 나는 보이지 않는 스펙에 대해서 이야기하고자 한다. 이력서에 쓸 수도 없는 스펙이 무슨 스펙이 될 수 있냐고 반문할 것이다. 나는 이 〈식스팩〉이 내가 원하는 회사에서 좋아하는 일을 할 수 있게 한 이유라고 굳게 믿는다.

중요한 것은 스펙이 아니라 그것을 든든하게 받쳐주는 나 자신이다. 나는 다양한 경험의 총체적 결과물로서 누구보다 올바르게 사고하고 판단할 수 있다고 믿는 과감한 마인드다. 나는 내 스펙의 총합이 아니라 이 스펙을 요리하는 셰프이자 지휘하는 마에스트로라는 적극적이고 능동적인 자세다. 〈식스팩〉은 스펙에 끌려가는 것이 아닌 스펙의 주인으로서 스스로의 능력을 온전히 리드할 수 있게 하는 몸과 마음의 잔근육이다.

그렇기에 〈식스팩〉은 자기 자신과, 자신을 둘러싼 세계를 바라보는 건강한 마인드를 필요로 한다. 누군가는 한가한 소리 하지 말라고 외칠 것이다. 지금 학점 관리도 해야 하고, 어학 점수도 올려야 하고, 자격증도 따야 되는데 웬 마인드 타령이람? 그럴 시간 없다고 단호하게 이 책을 덮을지도 모른다.

하지만 내가 말하는 건강한 마인드란 권선징악처럼 전래동화에 나오는 옛날 이야기가 아니다. 착한 사람이 노력한 만큼 대가를 받지 못할 수 있다는 것쯤은 나도 안다. 노력하면 언젠가는 찾아온다는 그 복을 기다릴 수 있을 만큼의 인내심이 우리 세대에게 없다는 것도 잘 안다. 무엇보다 이 마인드는 맹목적 착함, 성실함이 아닌 현명함, 영리함을 뿌리로 한다.

그 단어 자체가 모호하게 들리고, 보이지 않기에 필요 없다고 느껴질 수 있지만 〈식스팩〉으로 대변되는 건강한 마인드는 학점이나 영어 점수처럼 사실은 필수 스펙에 가깝다. 높은 스펙을 가지고도 원하는 바를 완전히 이루지 못해 좌절하는 수많은 스펙 푸어(Spec poor, 많은 스펙을 쌓고도 취업이 되지 않아 빈곤층으로 전락하는 취업 준비생을 일컫는 신조어)들에게서 어렴풋이 그 근거를 찾는다.

지금부터 《식스팩》이라는 이름으로 명명할 스펙 시대를 살아가는 건강한 몸과 마음을 기르기 위한 실용백서를 시작하며 다음과 같은 안내를 드린다.

나는 5년 차 광고인이다. 따라서 실무적인 식견은 훌륭하신 여러 선배님들보다 다소 얄팍할 수 있다. 하지만 그렇기 때문에 취업에 있어서는 상대적으로 조언해줄 수 있는 부분이 있을 것 같아 용기를 냈다.

앞서 말했듯이 〈식스팩〉에 필요한 마인드는 실전 스펙이나 다름없다. 따라서 목표를 정하고 어느 정도 스펙을 쌓아 놓은 본격 취업 준비생들에게는 자신의 마인드를 점검하고 교정하는 계기가 될 것이다. 또한 아직 무엇을 어떻게 해야 할 지 망설이고 있는 신입생들에게도 〈식스팩〉을 먼저 쌓고 건강한 마인드로 시작하는 것이 도움이 되므로 학년, 나이, 상황에 관계 없이 유용한 지침서가 될 수 있기를 바란다.

/Contents

[여는 말] 건강하고 튼튼한 〈식스팩〉을 위하여 • 4

## 식스팩이 필요한 스펙 시대

진정 즐길 줄 아는 그대가 챔피언 • 15
1등도 꼴찌도 사라진 세상 • 23
나는 아직 스물 다섯 살이다 • 31
네가 진짜로 원하는 게 뭐야 • 39

## 식스팩 집중 트레이닝

### 첫 번째 팩, 식스팩으로 스펙을 리드해라

스펙을 요리하는 셰프 • 49
아이돌 말고 싱어송라이터 말고 프로듀서처럼 • 55

## ✚ 두 번째 팩, 모든 것은 트렌드에서 시작된다

10년 후 먹거리 찾기 프로젝트 • 63

나에게 트렌드를 입혀라 • 68

비즈니스 트렌드와 인문학과의 관계 • 77

## ✚ 세 번째 팩, 목표는 섹시한 몸매가 아닌 섹시한 뇌다

내가 생각하는 방식이 나를 만든다 • 89

섹시한 뇌를 만드는 핑퐁(Ping-pong) • 98

## ✚ 네 번째 팩, 영혼을 살찌워야 식스팩이 오래 간다

시인이 킬러가 되는 방법 • 107

가슴 속에 시인을 품은 킬러 • 116

## ✚ 다섯 번째 팩, 나를 비추는 거울 앞에서 운동해라

사랑에 빠질만한 대상을 찾아라 • 125
팬클럽 정모는 실미도에서 • 130

## ✚ 여섯 번째 팩, 건강하게 읽고 쓰고 말해라

적자생존, 적는 사람이 살아남는다 • 139
언어는 새로운 세상으로 가는 통로이다 • 145

# 식스팩으로 보는 스펙

## ✚ 하나, 학벌 다시 보기

독특한 DNA를 가진 자들에게 • 157
정보의 격차를 뛰어 넘는 멀리뛰기 • 162

## ✚ 둘, 공모전 다시 보기

승률이 어떻게 되세요? • 169
상장은 나를 말해주지 않는다 • 175

## ✚ 셋, 영어 다시 보기

스펙 3종 세트 더하기 빼기 • 183

## 식스팩을 위한 준비운동

꿈은 어떻게 해서든 만나게 된다 • 191
옷보다 마음이 먼저 보였다 • 199
이왕 이렇게 된 거 사귀자 • 205

[감사의 글] 프로듀서를 만나다 • 212
[맺는 말] 초코바를 쟁여놓는 지혜를 위하여 • 219

별을 향해
마차를 매어두라.

– 랄프 에머슨(Ralph. W. Emerson)

CHAPTER 1

# 식스팩이 필요한 스펙 시대

취업은 숫자를 버리고도 〈식스팩〉을 발휘해 더 멋진 성취를 해낼수 있는 새로운 세계다. 사회인으로서의 첫 발을 내딛게 해줄 이 관문에서 그동안 그토록 원했던 대로 게임의 룰은 바뀌었다.

# 진정 즐길 줄 아는 그대가 챔피언

2010년 대한민국을 기쁨의 환호로 들썩이게 만든 작지만 커다란 소녀가 있었다. 바로 피겨요정 김연아 선수다. 그녀는 오랜 시간 갈고 닦아온 빼어난 실력과 10대 소녀답지 않은 당찬 카리스마로 세계의 이목을 사로잡았다. 그 해 벤쿠버 동계올림픽에서 금메달을 차지한 그녀의 아름다운 몸짓은 아직도 우리의 기억 속에 선명하게 남아 있다.

김연아라는 새 시대의 아이콘이 나오면서 그녀로 대표되는 우리 세대는 '챌린 조이'라는 이름으로 불려지기 시작했다. '챌린 조이'는 바로 도전을 의미하는 챌린지challenge와 즐긴다는 의미인 엔조이enjoy의 합성어로서 말 그대로 도전 자체를 즐기는 젊은 세대를 일컫는 표현이다.

그녀는 본인의 자서전 《김연아의 7분 드라마》에서 '자신감을 유지한다면 결과가 어떻든 나 스스로에게 실망하지 않고 후회할 일도 없지 않을까'라며 성공과 실패에 얽매이지 않는 의연한 모습을 보이기도 했다.

김연아뿐만이 아니다. 여기 또 다른 젊은 성공의 아이콘이 있다. 바로 축구선수 차두리다. 차두리 선수도 유명하지만 아마 대한민국에 그의 아버지를 모르는 사람은 없을 것이다.

차범근, 차두리 부자는 최근 브라질 월드컵에서 나란히 해설위원으로 나서며 대한민국 축구팬들에게 그들의 미묘한 관계를 감상하는 또 다른 재미를 안겨주기도 했다.

두 사람 모두 각 시대를 대표하는 최고의 선수임은 분명하지만 큰 차이점이 하나 있다. 2006년 독일월드컵 당시 차범근, 차두리 부자가 각각 해설위원과 국가대표라는 각자의 위치에서 유감 없이 실력을 발휘하여 스포트라이트를 받은 직후였다. 차 위원이 아들과의 관계에 대해 쓴 솔직 담백한 글이 중앙일보에 실렸다.

'축구는 나에게는 밀리면 끝나는 전투였는데 아들 두리에게는 자신을 행복하게 해 주는 생활인 것 같다'는 그의 말 속에서 기성 세대와는 성공을 대하는 관점이 확연히 다른 챌린 조이 세대만의 자신감을 엿볼 수 있다.

사실 차두리 선수가 축구를 내면으로부터 즐기고 있다는 것은 이렇게 긴 설명 필요 없이 그의 표정만 봐도 느낄 수 있다. 경기가 끝난 후 나오는 특유의 청량한 미소를 떠올려 보라. 즐겁지 않은 사람에게서는 나올 수 없는 에너지다.

앞서 김연아나 차두리 선수의 사례로 이야기를 열었지만 이제 챌린 조이는 비단 유명 인사들만의 이야기는 아닌 것 같다. 심지어 나는 방송사 예능 프로그램에서도 챌린 조이의 아이콘을 찾아냈으니 말이다.

늘 유쾌하고 신선한 웃음으로 주말 예능을 책임지고 있는 MBC 〈무한도전〉이 바로 그것이다. 이 프로그램에서 멤버 하하는 '하이브리드샘이솟아리오레이비'라는 이름부터 범상치 않은 캐릭터를 가지고 있다.

이 캐릭터는 많은 사람들의 호응을 이끌며 수많은 패러디를 양산해낸 무한도전의 또 다른 인기스타이다. 이 인기의 요인에는 심장이 두 개라는 독특함과 교포를 연상케 하는 어눌한 말투, 파워풀하고 격정적인 퍼포먼스 등 여러 가지가 있겠지만 내가 주목한 이유는 다른 데 있다.

하이브리드샘이솟아리오레이비. 그의 취미는 어이없게도 '오디션 보기'이다. 그는 무한 상사의 신입사원 면접장에서도 여기 오디션장이 아니냐고 뻔뻔하게 묻는다. 심지어 오디션에 붙으면 재미가 없다고까지 말한다. 합격하는 것이 목적이 아니라 진정 오디션 보는 것 자체를 즐긴다는 것이 느껴지는 대목이다.

조금은 가벼운 사례를 진지하게 분석한 것이 우습기도 하지만 그만큼 챌린 조이의 정신이 성공한 사람들만이 향유하는 특별한 것이 아니라 지금 우리 시대를 관통하는 하나의 흐름임을 말하고 싶다.

실제 하이브리드라는 가상의 캐릭터뿐만이 아니다. 챌린 조이는 문화, 예술, 과학, 스포츠 등 분야를 막론한다. 두려움 없이 도전 자체를 순수하게 즐기고, 그 긍정의 에너지를 통해 기성 세대가 상상하지 못한 성과를 다소 손쉽게 얻어내며, 그 성취에 따르는 혜택 역시 다른 사람의 눈치를 보지 않고 자유분방하게 누릴 줄 안다.

빅뱅의 멤버 승리는 솔로 곡으로 지상파 음악방송에서 1위를 차지한 후 '지금까지 가장 수고해 준 자기 자신에게 고맙다'는 전무후무한 소감도 남기지 않았던가. 생각해보면 딱히 틀린 말도 아니다. 한 마디로 우리는 쿨하다.

흔한 말로 성공이라는 것을 했다고 하여 "아이고, 니가 우리 집안을 일으켰구나."하며 엄마, 아빠, 누이 동생, 사돈에 팔촌까지 붙잡고 오열한 후 좋다고 소고기 사묵었다는 이야기는 우리에겐 그저 신파일 뿐이다.

하지만 그럼에도 불구하고 유독 취업이라는 분야에서만은 챌린 조이 정신을 찾아보기 힘든 것 같다. 다들 너무나 힘들었다고 한다. 모든 것이 끔찍할 정도로 싸늘하고 가혹했다고 한다.

특히 나 같은 지방대 출신의 스토리는 고난과 역경의 대서사시로 포장되는 경우가 많다. 대부분은 우리가 매일 욕하면서도 자꾸만 보게 되는 B급 매체의 저속한 헤드라인만큼이나 자극적이다.

더러운 학벌 사회와 맞짱 뜨다

광고에 살고 광고에 죽는다

열등감 열매를 먹고 자랐다

어째서 자신이 그토록 좋아하는 것에 그 누구의 강요도 아닌 스스로의 의지로 도전하고 이루는 성장의 과정을 거치면서 저런 피로한 말을 해야 할까? 그 어느 때보다 빛나고 생기 넘치는 시간들 속에서 저런 종류의 단어가 파생된다는 것이 어쩐지 씁쓸하다.

물론 열등감이나 자괴감 역시 동기부여의 한 요소가 될 수 있다는 것을 이해한다. 스스로의 잠재력을 일깨우고 의지를 북돋우는 가치가 사람마다 또는 상황마다 다를 수 있기 때문이다.

하지만 지금까지 취업은 마치 다 같이 짜기라도 한듯 똑같이 슬펐다. 그것은 반드시 아프고 고통스러운 것을 오랜 시간 버티고 견뎌내야만 얻을 수 있는 것이었다.

그 방법이 아닌 다른 방법은 없다고 했다. 어떻게 해도 즐거울 수가 없는 일이라고, 누구도 이 과정으로부터 자유롭지 못하다고, 웃으면서 이 문을 지날 수는 없다는 말뿐이었다.

더 걱정되는 것은 이처럼 고통이 마치 취업의 필수 요소와 같다는 식의 무시무시한 생각이 취업 준비생들에게 암묵적인 일반론으로 작용하고 있다는 것이다. 그에 따라 그들이 감내해야 하는 스트레스의 수위는 높아져 가고 이는 우리 나라의 큰 사회 문제로까지 떠오르고 있다.

당장 일자리가 부족한 것도 그렇지만 취업 스트레스에 시달리는 젊은 세대의 마음이 병들어 정신질환을 앓다 못해 자살하는 사람까지 나오게 된 현실이 더 큰 문제이다.

물론 취업이 힘든 일이라는 건 나도 잘 안다. 좋은 요리를 만들기 위해서는 그 과정에서 주방이 더럽혀 질 수도 있다. 칼질을 하다가 손가락을 베일 수도 있고, 뜨거운 불에 화상을 입을 수도 있다.

하지만 〈식스팩〉은 이런 생각의 씨앗을 던지고 싶다. 반드시 그렇게 다쳐야만 좋은 요리가 완성되는 건 아니지 않는가? 요리를 하는 와중에 나도 모르게 휘파람을 불던 순간을 기억해보라. 요리를 하며 간을 볼 때 뿌듯하게 새어 나왔던 엄마 미소를 떠올려보라.

〈식스팩〉은 단순히 스펙을 쌓기만 할 것이 아니라 그 스펙을 만들어가는 시간을 지배할 마인드를 일깨우고 싶다. 짧든 길든 취업을 준비하는 기간은 우리의 청춘에서 가장 빛나는 시절이기에 좀 더 건강하게 보내는 방법을 찾자는 것이다. 그리고 그 건강함이야말로 우리가 그토록 지루해하는 취업 준비를 끝낼 수 있는 가장 빠른 방법이라고 믿는다.

앞서 말한 다양한 챌린 조이의 아이콘들을 통해 피력했지만 단순히 고통받지 말라는 위로가 아니다. 힘드니까 그냥 무작정 웃자는 것도 아니다. 도전을 즐기는 챌린 조이 정신이 가져오는 뛰어난 성과들을 보지 않았는가?

스펙을 쌓아가는 과정에 포함되는 작은 도전 하나하나를 내면으로부터 즐기고 그 즐김 자체를 스펙화할 수 있는 시대가 도래했다. 이제 우리는 이 시대를 기쁘게 맞을 준비를 해야 한다. 챌린 조이 정신에 입각한 〈식스팩〉으로 말이다.

# 1등도 꼴찌도 사라진 세상

어느 추운 겨울이었다. 유명한 분이 강연을 오신다고 하여 학교가 무척 떠들썩했다. 그도 그럴 것이 그 분은 자신의 분야에서 실력으로도 최고였지만 TV를 비롯한 매스컴에도 자주 등장하시어 대중적으로도 무척 인기가 많았다.

나는 이 강연 소식에 무척 설레었다. 그냥 별 이유 없이 푸근하고 친근한 옆집 아저씨 같은 그 분의 미소가 좋았다. 그 분은 당신의 전문 분야에 관계없이 일반적으로는 선생님에 가깝게 느껴졌다.

물론 시원하게 가려운 데를 긁어주지만 어딘가 모르게 다소 품격이 떨어지는 족집게 과외 선생님의 저렴함과는 정반대였다. 나라와 사회의 앞날을 내다보고 걱정하는 큰 어르신의 무거운 역할을 자처

하시며 실제 따끔한 독설을 자주 하시는 걸로도 유명했다.

그 날의 강연을 인상 깊게 기억하는 이유가 있다. 강연의 핵심은 '어느 분야든 상위 10% 안에 들면 성공할 수 있다'였는데 그 말을 듣고 나는 어쩐지 마음이 쓸쓸해지는 것이었다.

아마 우리가 가장 궁금할 거라고 생각하는 부분을 고민하시어 말씀해 주셨을 테다. 대학생활로 대표되는 이 시간은 흔히 '무엇'이 되기 위한 '과정'으로 여겨지기 때문이다. 또한 그 '무엇'은 대개 사회적인 '성공'으로 귀결되곤 한다.

내가 이유를 모르는 공허함을 느끼고 있던 찰나 한 학생이 이런 질문을 했다. "그럼 상위 10% 안에 못 드는 사람은요?" 한참의 적막이 흐른 후 그 분은 무언가 답변을 하셨지만 나는 잘 기억이 나지 않는다.

생각해보면 '상위 10%'라는 것은 참 좋은 말이다. 숫자는 언제나 확실하고 명쾌하다. 백 명이든 만 명이든 점수를 매기고 상위 10%를 골라내는 일은 어렵지 않다. 그런데 이 상위 10%가 존재하기 위해서는 그 밖에 90%가 있지 않으면 안 된다.

여기 학생이 100명인 학교가 있다. 이 학교에서 99등을 하던 학생이 어느 날 공부를 열심히 해서 전교 10등을 하게 됐다고 치자. 그럼 이 학생이 원래 있던 99등이라는 자리는 다른 누군가로 채워진다. 전에 상위 10%에 속해 있던 어느 한 명은 하위 90%로 밀려날 수 밖에 없다. 아주 상식적인 이야기다.

사회가 구성되는 기본적인 원칙에 따라 어쩔 수 없이 모두가 상위 10%가 될 수는 없다. 가장 가까운 예가 바로 저소득층을 위한 최저 생활금 지급이다. 저소득층도 당연히 생길 수 밖에 없는 구조이므로 그들을 위한 국가차원의 지원 역시 당연하게 여겨지는 것이다.

물론 그 땐 나도 다른 건 개의치 않고 그냥 상위 10%가 되고 싶었다. 나는 늘 눈을 커다랗게 뜨고 보이는 모든 것을 마음에 담으려 했던 꿈 많은 여대생이었다. 무서운 것도 두려운 것도 없었다. 반드시 내가 원하는 모습의 어른이 되고야 말겠다는 자신감이 넘쳤다. 그리고 마침내 나는 프로가 되었다.

하지만 그 날 강연을 들었을 때는 어렴풋이 이런 생각을 했던 것 같다. 만약에 아주 만약에 내가 정정당당한 방법으로 최선을 다해 꽤 부리지 않고 성실히 나의 에너지를 쏟았는데도 혹시나 그것을 얻지 못하게 된다면?

그래도 너의 인생은 성공한 인생이라고. 성공과 실패는 그런 간단한 잣대로 판단할 수 있는 게 아니라고. 나는 그 날 강연을 와주었던 그 분에게서 이런 말을 기대했었던 것 같다. 그 때의 결핍이 바로 이 《식스팩》을 만들었다.

이제와 다시 생각해보면 그분이 언급한 상위 10%라는 표현 자체에도 의구심이 생긴다. 상위 10%는 과목별로 시험을 보아 점수를 매겨 그것을 토대로 순위를 꼽았던 학창 시절에나 정확한 말이다.

취업은 입시와는 다르다. 일괄적인 기준으로 숫자를 부여하고 1등부터 정렬하여 커트라인을 긋는 게 아니지 않는가. 그랬다면 수많은 스펙 푸어들이 또 다른 사회 문제로 부각되는 일은 없었을 것이다.

우리는 오랜 시간 정규 교육을 통해 점수와 순위로 평가받는 것에 익숙해졌다. 그러다 보니 숫자가 없어진 세상에서도 계속 숫자에만 집착한다. 학점은 몇 점이어야 하고 토익은 또 몇 점이어야 하고 자격증은 몇 개 이상이어야 한다고 다시 숫자의 세계로 역주행하고 있다.

반드시 숫자로 확인을 해야만 안심하고 숫자가 아닌 다른 언어로는 자기 자신을 정의할 줄도 모른다. 숫자가 있어야만 다른 이들과의 비교도 가능하고 그 속에서 느끼는 알량한 우월감에 취해볼 수도 있다.

취업은 기회다. 나에겐 그랬다. 만약 숫자대로 취업이 결정되었다면 나는 절대 프로가 되지 못했을 것이다. 그런 방식으로는 아주 잡스럽고 소소하고 깨알같다고 밖에 표현할 수 없는 측정 불가한 나의 재능을 보여 줄 길이 없기 때문이다.

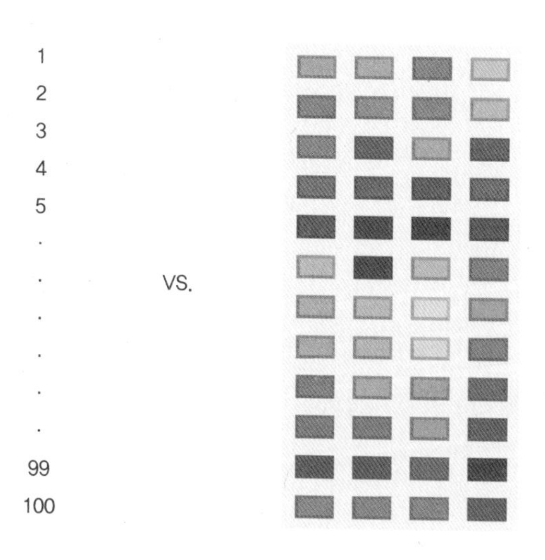


얼마 전 사진작가 오중석의 트위터에 한 학생이 이런 멘션을 날렸다. "사진작가가 되려면 어떤 자격증이 있어야 하나요?" 오 작가의 대답은 이랬다. "운전 면허증 있으면 좋죠."

스펙이 반드시 있어야만 무엇을 이룰 것이라고 지레짐작한 데서 발생한 웃지 못할 에피소드다. 자격증이 필요한 분야도 있고 반대로 그렇지 않은 분야도 있다. 사회를 구성하기 위해서는 다양한 역할이 셀 수 없이 많이 필요하고 그 역할에 적합한 인재를 가려내는 방식 역시 다양하다.

일례로 삼성그룹의 공통 직무적성검사인 SSAT Samsung Aptitude Test를 보면 언어, 수리, 추리, 직무상식 등의 과목으로 구성되어 있다. 그러나 제일기획의 SSAT는 문제 유형이 전혀 다르다. 우리는 그림도 그리고 상황극도 만든다. 일반적인 기준으로 우수하다고 평가되는 스펙만으로는 해결하기 어려운 문제들이다. 〈식스팩〉으로 대변되는 건강하고 올바른 마인드만이 이런 문제에 순발력 있게 대처할 수 있는 바탕이 된다.

광고뿐만 아니라 요즘처럼 분야를 막론하고 창의와 상상을 중요시하는 사회의 흐름 속에서는 〈식스팩〉이 더 주목을 받을 수 있을 것 같다. 이것이 스펙에 대한 관점을 전환해야 한다고 이토록 절절하게 외치는 이유다.

수많은 스펙 푸어들은 이렇게 말한다. 차라리 자격증이 있었으면 좋겠다고. 시험을 봤으면 좋겠다고. 순위가 있으면 더 속이 편하겠다고 말이다. 하지만 그런 마인드로는 앞으로 더 오랜 시간 그들의 취업은 요원할 것 같다. 이 곳에서는 더 이상 기존의 방식이 먹히지 않기 때문이다.

취업은 숫자를 버리고도 〈식스팩〉을 발휘해 더 멋진 성취를 해낼 수 있는 새로운 세계다. 정규 교육을 받는 내내 숫자 때문에 지겹게 스트레스를 받아오지 않았는가?

사회인으로의 첫 발을 내딛게 해줄 이 관문에서 그 동안 그토록 원했던 대로 게임의 룰은 바뀌었다. 다만 그대가 눈치채지 못했을 뿐이다. 지금부터 〈식스팩〉을 통해 스펙을 대하는 마인드를 건강하게 재정비해야 하는 이유다.

# 꿈에 다가갈 준비를 위한 3단계 체크리스트

**1단계 :** 내 꿈은 무엇입니까?

**2단계 :** 내 꿈을 이루는데 필요한 스펙은 무엇입니까?

**3단계 :** 내 꿈을 이루는데 스펙 외에 필요한 것은 무엇입니까?

# 나는 아직
# 스물 다섯 살이다

얼마 전 교수님의 초청을 받아 학교를 방문했다. 성공적으로 사회에 진출한 선배라는 이름으로 사랑스러운 후배들을 모시고 그들의 끊임없는 질문에 맞서 나름의 소신을 밝히는 자리였다.

교수님께서 나를 칭찬해 주셨다. 학교 다닐 때는 마냥 어리기만 한 것 같았는데 오늘 후배들에게 똑 부러지게 조언을 해주는 걸 보니 사회에 나가 많이 성장한 것 같다며 뿌듯해 하셨다. 그 말을 듣고 나는 한참 생각에 잠겼다.

고백하자면 나는 대학 졸업 이후 조금도 성장하지 않은 것 같다. 웬일인지 모르게 키도 조금 크고 옆으로도 약간 퍼졌지만 나의 뇌는 졸업을 하던 스물 다섯 그 해의 수준과 크게 다르지 않은 것 같다.

> 많은 사람들이 쉽게 착각하는 것 중 하나가 시간이 우리를 성장시켜 준다는 믿음이다.
>
> 전옥표, 《이기는 습관》

곰탕집도 30년 전통이면 최고로 쳐준다는데 나는 29년째 삶이라는 것을 지속하고 있지만 모든 면에서 29년의 숙성된 노하우를 갖고 있는 것 같지는 않다.

나는 중학교 때 처음 수영을 배웠다. 수영이 너무 재미있어서 새벽같이 일어나 레슨을 받고 학교에 갔다. 아침잠이 모자라 매일 수업시간에 졸았고 선생님한테 혼이 났다. 접영을 시작하려고 팔 동작을 익히고 있던 어느 날 이제 수영장을 보내지 않겠다는 엄마의 불호령이 떨어졌고 인어공주가 되겠다던 나의 꿈도 물거품처럼 사라졌다. 10여 년이 지났지만 지금도 수영장에 가면 자유형과 배영밖에 못 한다. 그 날 이후 제대로 배운 적이 없기 때문이다.

지난 명절에는 이런 일도 있었다. 나는 대학을 졸업하자마자 사회 생활을 시작했다. 남들이 꽤 알아주는 안정적인 직장에 취직도 했고 남들이 꽤 넉넉한 편이라 말하는 연봉도 받았다. 그렇게 4년이 지났지만 사실 내 통장 잔고는 바닥이었다. 부모님의 잔소리가 이어졌고 나는 또 솔직하게 답했다.

"25년 동안 저금이라는 걸 해보지 않고 살았는데, 취직을 했다고 해서 당연히 내가 저금을 할 줄 알거라고 생각한 엄마 아빠가 이상한 거야!" 나는 아주 상식적인 딸내미답게 공손히 받아 쳤다.

쓸 데 없는 개인사를 고백하고 싶은 것이 아니다. 취업 후 내 뇌가 어찌해 정체 상태에 놓였는지 좀 더 공감되게 말하고 싶어서이다.

광고회사 AE Account Executive의 삶을 표현하는 많은 수식어들이 있지만 그 어떤 것도 실상을 대변한다고 느낀 적은 없다. 매번 '이 프로젝트를 내가 소화해낼 수 있을까' 스스로도 반신반의로 시작해 결국에는 최대한의 업무량을 최소한의 시간을 들여 해내고 만다.

매번 정신력의 한계가 시험에 오른다. 새로운 캠페인을 세상에 내놓을 때마다 왜 선배들이 그것을 배 아파 낳은 자식이라 표현했는지 알게 된다.

현실적으로 내게는 자기계발에 힘을 쏟을만한 물리적인 시간이 부족하다. 거기다 의지도 박약이고 체력도 저질이다. 누가 봐도 멋있는 커리어우먼은 못 된다. 독서량은 바닥을 치고 문화 생활도 피곤하다는 핑계로 미뤄진다. 심지어 그 좋아하는 인기드라마나 예능 프로그램도 잘 챙겨보지 못한다.

그래서 나의 뇌 상태, 즉 지적 수준과 사고력은 스물 다섯 살의 그것에서 크게 발전하지 못한 것 같다. 대학교 2학년 때 광고를 처음 알게 되고 매혹된 이후 태어나서 처음으로 지적인 호기심이란 게 생겼다. 자꾸만 알고 싶고 궁금하여 스스로 답을 찾아 나섰다.

세상의 길들은 몸 속으로 흘러 들어오고 풍경이 흘러 들어와 마음에 스민다.

김훈, 《자전거 여행》

꿈이 생기자 삶이 그리 되었다. 정답은 아직도 모르지만 답 비슷하게 생긴 것들, 답으로 가는 길목처럼 생긴 것들이 학교에도, 도서관에도, 수업 중에도, 친구와의 대화 속에도 있었다. 나는 즐겁게 그것들을 흡수하여 몸과 마음을 채웠다. 난생 처음 스스로의 뇌 구조를 더듬어 찬찬히 솎아내고 가꾸어 나갔다. 그렇게 대학 생활 5년 동안 조금씩 건강하고 튼튼해졌다.

나는 스물 다섯 살부터 태어난 것 같다.

허먼 멜빌(Herman Melville), 《모비딕(Moby-Dick)》

사회적인 기준으로는 스무 살이 되면 성인이라고 칭하지만 심리적으로 내가 어른이 되었다 느끼는 것은 취업을 한 이후인 것 같다. 나도 그 즈음 조직의 일원으로서 사회에 직간접적으로 영향을 끼치는 일을 하게 되고 사회적 이름 또한 갖게 되었다.

나는 '제일기획 프로'라는 타이틀을 달고 분명 전과는 많이 달라졌다. 정확히 말하면 달라진 것처럼 보인다. 나는 비즈니스에 적합한 형태로, 광고인에게 걸맞는 형식으로 대학 시절 가꿔놓은 나의 작은 역량이 표출되는 방식과 매너를 바꾸었다.

지금의 나는 마치 100을 가진 것처럼 '보인'다. 그러나 사실 나는 '여전히' 50이다. 정확히 나의 〈식스팩〉은 29살 제일기획 프로에게서가 아닌, 24살 취업을 목전에 둔 한 여대생에게서 나왔다는 것을 이야기하고 싶다. 이미 학생 때 사회에 나가서 어떤 어른이 되고 싶은지, 어떤 사회인의 모습으로 살아갈지에 대한 기준이 필요하다.

그리고 그것을 이루기 위한 방식에 대해 나만의 건강한 마인드를 정립하기 위해 애써야 한다. 가능하면 이렇게 책으로 펼 수 있을만큼 튼튼하고 견고하게 말이다.

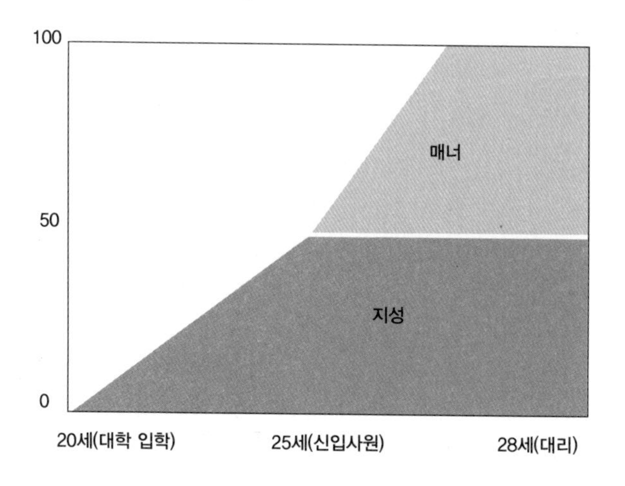


단언컨대 꿈에 그리던 직장에 들어왔다고 뭣도 아니던 내가 갑자기 멋있어지는 것은 아니다. 또한 반대로 멋있어 보이는 선배들은 꿈의 직장에 다니기 때문에 멋있는 것이 아니다.

프로가 되고 싶다면 이미 학생 때부터 프로여야 한다. 덜 다듬어진 원석일지언정 프로로서의 역량과 자질을 반드시 내재하고 있어야 한다. 오직 나 자신의 성장에만 초점을 맞출 수 있는 이 빛나는 시간들을 절대 놓치지 말고 200% 활용해야 하는 이유가 여기에 있다.

《미스터 초밥왕》은 최고의 초밥 명인이 되기 위한 주인공 쇼타의 성장 과정을 재미있게 그려낸 인기 만화다. 입맛을 자극하는 여러 에피소드 중 장어 초밥편을 떠올려 본다. 쇼타와 같은 초밥집에서 일하고 있는 안토는 2년 동안 매일같이 장어 육수를 끓여왔다. 오랜 시간 정성으로 졸인 장어 육수는 장어 초밥의 소스를 만들 때 감칠맛을 더하는 비법으로 사용된다.

안토는 훗날 자신이 셰프가 됐을 때를 대비해 미리 준비를 하고 있었던 것이다. 수년간 농축된 장어 육수를 가진 셰프와 조미료로 즉석에서 맛을 낸 셰프의 장어 초밥은 분명 큰 차이가 있을 것이다. 프로가 되기 전부터 프로의 자세를 가지는 것이 중요한 이유다.

프로가 되어 해결해야 할 다양한 상황에 대처하는 판단력, 순발력, 사고력은 벼락치기로 길러지는 것이 아니다. '맛은 쌓인다'라는 어느 TV 광고 카피처럼 우리의 삶도 그러하기 때문이다. 지금부터 미리 탄탄한 〈식스팩〉을 길러두어야 하는 이유다.

# 나와 내 꿈의 관계 구축을 위한 4단계 체크리스트

**1단계** 정체성 :  나는 누구입니까?

**2단계** 의미 : 나에게 내 꿈은 무엇입니까?

**3단계** 반응 : 나는 나의 꿈이 어떠합니까?

**4단계** 관계 : 나와 내 꿈은 어떠합니까?

# 네가 진짜로 원하는 게 뭐야

이제는 나의 기억 속에 어렴풋한 기억으로 남아 있는 동화가 있다. 바로 《이상한 나라의 앨리스》다. 신비하고 환상적인 흐름으로 시공간을 넘나들며 어린 나의 꿈과 상상을 자극하는 여러 에피소드가 있었지만 지금까지도 잊혀지지 않는 이야기가 있다.

어느 날 앨리스는 흰 토끼를 만나 이상한 여행을 떠나게 되는데 이 여행 중간 중간에 희귀한 놈 하나가 나타난다. 그는 시간과 공간의 초월자로 중력의 영향을 받지 않는 모든 수수께끼의 근원, '체셔 고양이Cheshire cat'다.

이 캐릭터는 영국 잉글랜드 체셔 지방의 풍습에서 기원했다는 설이 있다. 간판에 웃는 고양이를 그리거나, 치즈로 역시 웃는 고양이를 만드는 풍습에서 '체셔 고양이 같은 웃음Grin like a Cheshire cat'이라는 속담이 나왔다고 한다. 이토록 기묘한 체셔 고양이와 앨리스는 여행 중 대화를 나누게 되는데 다음은 나의 기억 속 그 부분이다.

"여기서 어느 길로 가야 하지?"

"그건 네가 어디로 가고 싶은지에 달려있지."

"난 어디든 상관없는데……"

"그렇다면 어디로 가든 상관없겠지."

참 재미있는 대화다. 앨리스는 어디로 가야 할지 고민하지만 정작 그녀가 가고 싶은 곳은 없다. 실제 자신이 정한 목표도 없이 질문만 던지고 있는 것이다. 이런 질문으로는 어딜 도착한다 해도 자신이 진정 원했던 곳은 아닐 것이다. 그 곳에 도착해서도 똑같이 물을지 모른다. 이제 또 여기서 어느 길로 가야 하지?

김영하의 《퀴즈쇼》에는 이러한 문제가 조금 더 구체적으로 묘사된 장면이 등장하기도 한다.

"자네도 요즘 젊은이 같구만. 생각도 하기 전에 질문부터 하고 있잖아."

"그게 어때서요?"

"우선 생각을 하는 게 중요하거든. 그리고 틀리더라도 일단 자기 답을 준비해 둬야 하는 거야."

나도 요즘 젊은이로서 속마음을 들킨 듯 심장 안쪽이 뜨끔해지는 대목이다. 소설 《모모》의 작가로 유명한 미하엘 엔데Michael Ende도 '사실은 자기가 정말로 원하는 것이 무엇인지 제대로 알아내기만 하면 다른 문제는 저절로 풀린다'는 말로 정확한 목표의 중요성을 강조한 바 있다.

이처럼 〈식스팩〉 역시 확실한 목표 의식에서부터 출발한다. 목표가 있어야 그것에 가까워지고 닮아가는 방법을 찾을 수 있다는 상식에 근거한다.

그렇다면 그 목표는 어떤 것이어야 할까? 우리는 살면서 수많은 목표를 설정한다. 어떤 학생이 되어야 하고, 사회인이 되어야 하고, 딸이 되어야 하고, 친구가 되어야 한다. 이런 큰 역할에 따라 구체적인 목표들 또한 파생된다. 일주일에 세 번은 운동을 해야 하고, 출근길에는 신문을 봐야 하고, 주말에는 문화 충전을 하는 것도 필수다.

궁극에는 각자가 원하는 어떠한 모습의 인간으로 살고자 하는 목표를 위해 수많은 하위 목표들이 만들어지고 자연스럽게 그것들에 둘러쌓인다. 이토록 많은 목표들이 있기 때문에 〈식스팩〉을 위한 목표는 도대체 어떤 것인지 그 정의를 명확히 할 필요가 있다. 그리고 여기 그 단서가 되는 이론이 있다.

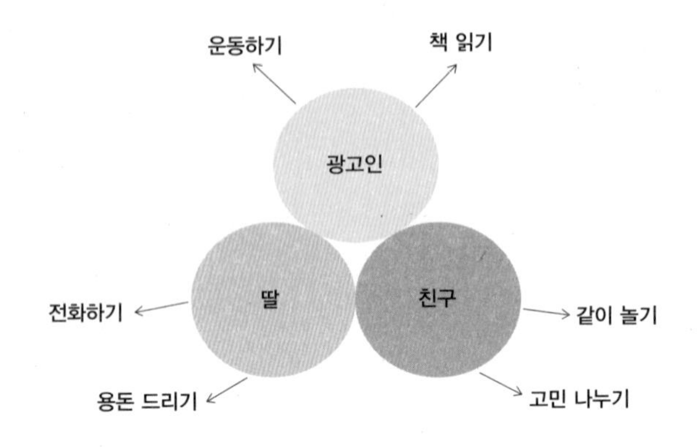


인간의 욕구는 얼마나 다양하고 그 사이에는 어떤 관계가 있을까? 1934년 미국의 심리학자이자 철학자 애이브러햄 매슬로우Abraham H. Maslow는 이에 관한 학설을 발표했는데 그것이 바로 그 유명한 인간욕구 5단계 이론Maslow's hierarchy of needs이다.

사람은 가장 기초적인 생리적 욕구를 먼저 채우려 하며, 이 후 안전해지려는 욕구를, 그 후 사랑과 소속의 욕구를, 나아가 존경의 욕구를 채우려 하고 가장 마지막으로 자아 실현의 욕구를 갖게 된다는 것이다. 이 피라미드는 다섯 단계의 욕구가 순서대로 진화하며 하위 욕구가 충족된 다음에야 상위 욕구가 충족될 수 있다고 설명했다.

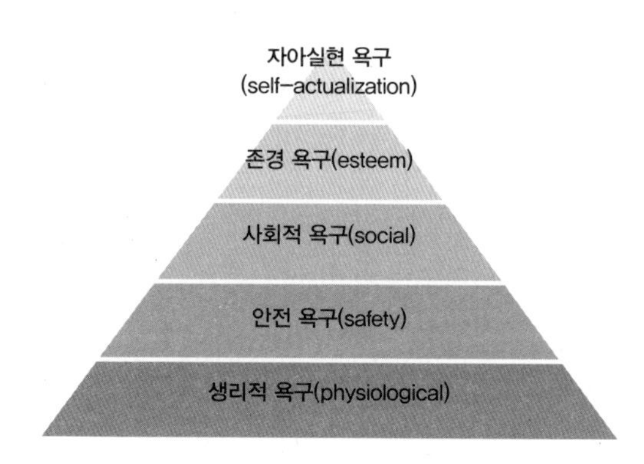


그러나 매슬로우가 세상에 없는 지금 그가 죽기 전에 했다는 또 다른 주장이 더욱 주목을 받고 있다. 1970년 심장마비로 사망하기 직전 그는 이 피라미드를 뒤집었어야 옳았다며 크게 후회했다는 이야기가 전해져 온다.

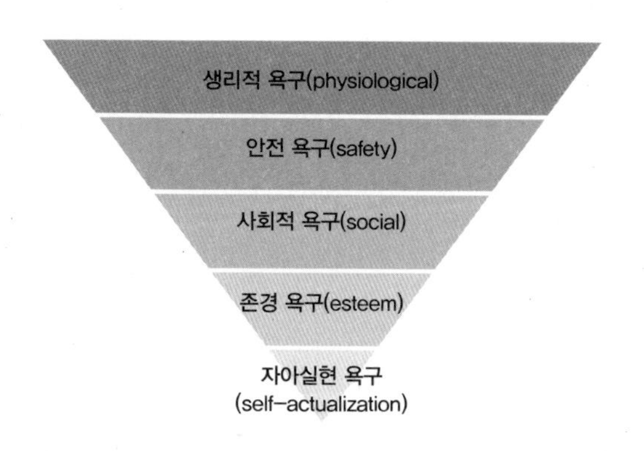

가히 물질 과잉, 욕망 과잉의 시대라 할만 하다. 원하는 것은 무엇이든 가질 수 있고 그 대상을 향한 욕망의 깊이와 속도 역시 때로는 감당하지 못할 만큼 날카롭다. 그러나 모든 것을 누릴 수 있는 듯 보이는 이 풍족한 시대를 살아가는 우리는 반대로 이유를 알 수 없는 진한 결핍에 시달리곤 한다.

그렇기 때문에 자아 실현이 모든 욕구에 우선한다는 이 뒤집힌 피라미드는 더욱 공감을 일으킨다. 어째서 자아 실현이 최상위 욕구인지 우리는 비슷한 감정들을 쉽게 상상해 볼 수 있다.

누구나 인생을 살면서 한 번쯤은 욕망에 사로잡힌다. 그 가방을 꼭 사야만 할 때, 그 회사에 꼭 가야만 할 때, 그 오빠를 꼭 사귀어야 할 때. 대상은 무엇이라도 상관없다. 그 순간을 떠올려보자.

하고 싶은 무언가가 있을 때, 그것을 꼭 해내야만 할 때, 그것이 아닌 나는 상상하기 싫을 때. 밥을 먹어도 배가 부르지 않고 잠을 자도 잔 것 같지 않으며 어떤 안락한 환경에서도 편안함을 느낄 수 없다. 그 어떤 사랑과 존경을 받아도 즐겁지가 않다. 내가 진정으로 원하는 것을 이루지 못한 채라면 말이다.

그리하여 〈식스팩〉의 중심에는 꿈을 놓으려 한다. 청춘에게는 꿈을 이루는 것이 인생을 살면서 자연스럽게 갖게 되는 모든 욕망에 우선한다는 의미다.

따라서 스펙이 사회의 언어로 나를 정의하는 것이라면 〈식스팩〉은 꿈의 언어로 나를 표현하려고 한다. 지금부터 스펙이 요구했던 그 재미없는 사회적 요건들을 〈식스팩〉의 세계로 데리고 올 것이다. 그것들을 나에게 맞게 꿈의 언어로 재해석해 능동적으로 끌고 가는 방법에 대해 이야기하려 한다. 이러한 과정이 바로 스펙을 리드하는 건강한 마인드 〈식스팩〉이다. 지금부터 〈식스팩〉이 무엇인지 좀 더 자세히 알아보자.

나는 자신에게 과(課)해진 미치광이 역할을
그대로 받아들이려고 생각한다.

-반 고흐

CHAPTER 2

# 식스팩 집중 트레이닝

당신은 지금 훌륭한 요리를 만들기 위해 열심히 재료를 구하는 중이다. 서점에 가 보면 최고의 재료를 어디서 어떻게 얻는지 그 방법들을 많이 찾아볼 수 있다. 하지만 이제는 그 재료를 요리하는 나 자신에 대해서도 생각해 볼 필요가 있지 않을까?

첫 번째 팩

# 식스팩으로 스펙을 리드해라

스펙을 요리하는 셰프

아이돌 말고 싱어송라이터 말고 프로듀서처럼

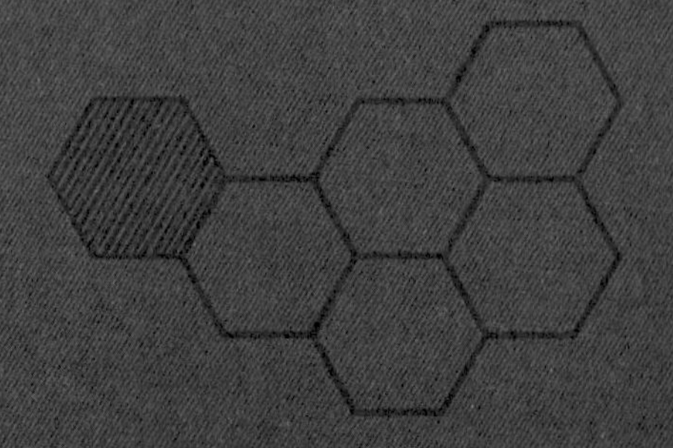

# 스펙을 요리하는 셰프

여기 조인성이 있다. 그는 187cm의 훤칠한 키에 조각 같은 이목구비를 가진 누구나 인정하는 이 시대 최고의 미남 배우다. 최근 한남동의 한 카페에서 그를 목격한 사람에 따르면 그는 목격자가 선호하지 않는 스타일의 모자를 썼음에도 불구하고 진정 대박이었다고 한다. 눈치챘겠지만 나다.

왜 갑자기 조인성 이야기를 꺼냈을까? 나는 요즘 취업 시장을 보면 다들 어설픈 조인성 따라잡기를 한다는 생각이 든다. 어딘가 살짝 모자란 그 짝퉁들은 수많은 취업 포털에서 쉽게 찾아볼 수 있다.

"00년생, 남자, 00대학교 00과, 학점 4.0, 토익 900점, 자격증 3개. 제 스펙이고 이번에 00그룹에 지원했어요. 될까요?" 조인성의 키가

187이라고 해서 나도 키만 187로 키우면 조인성이 될 수 있을까? 조인성이 187이라고 해서 나도 187로 키웠는데, 그래 어떤 이들은 그보다 더 크게 190으로 높이기도 한다. 그래도 합격이 안 된다면 그건 정말 운이 안 좋아서일까? 인맥이 없어서일까? 더러운 학벌사회 때문일까?

최근 존 고든의 《뉴욕 뒷골목 수프가게》라는 책을 재미있게 읽었다. 이 책은 파산 직전의 수프 회사를 살려 내면서 겪는 한 CEO의 성공 스토리를 담고 있는데 어설픈 조인성 따라쟁이들에 대해 시사하는 바가 크다.

새 CEO 낸시는 회사를 살리기 위한 조언을 구하고자 뉴욕 뒷골목에 있는 한 수프 가게를 방문해 주인장에게 비법을 묻는다. 헌데 주인장의 대답이 기가 막히다. '우리 집 수프의 비밀은 요리법이 아닌 바로 나'라고 자신 있게 말하는 것이 아닌가? 청정 지역에서 갓 들여온 재료도, 적정 온도로 타이밍을 맞춰 끓여내는 요리법도, 나만 알고 있는 비법 소스도 아닌 주인장 자신이라니…… 대체 무슨 말일까?

나는 이 책의 서문에서 그 답을 찾았는데 '냄비 젓기 현상'이 바로 그것이다. 같은 재료, 같은 조리법으로 끓여도 다른 맛이 나는 이유는 오직 하나, 수프를 끓이는 사람이 다르기 때문이라는 것이다. 나는 〈식스팩〉을 위한 건강한 마인드를 바로 여기에서 찾는다.

스펙이 비슷해도 어떤 사람은 되고 어떤 사람은 안 되는 이유는 그 스펙을 요리하는 사람이 다르기 때문이다. 따라서 스펙 자체에 집착하기보다는 그 스펙을 요리하여 하나의 멋진 요리를 만들어내는 셰프와 같은 자세가 필요하다. 왜 이런 능동적인 자세가 필요한지 '냄비 젓기 현상'에 접목시켜 생각해 보면 쉽게 알 수 있다.

학벌, 학점, 어학 점수, 공모전, 자격증, 봉사 활동 등 우리가 흔히 기본 스펙으로 떠올리는 항목들은 마치 수프의 재료와도 같다. 이 재료를 어떻게 요리하는지에 따라 셰프를 몇 가지 유형으로 나눠볼 수 있다.

여기 최강 스펙을 가진 셰프가 있다. 재료 자체가 워낙 좋기 때문에 별다른 양념을 하지 않고 재료 본연의 맛만 잘 살려도 좋은 요리가 될 수 있다. 근데 이 최강 스펙을 가진 셰프가 〈식스팩〉까지 가지고 있다면? 최상급 재료에 나만의 비법 양념까지 더해져 그야말로 천상의 요리를 만들 수 있을 것이다.

그러나 아무리 재료가 좋아도 셰프가 요리를 망치면 그저 그런 재료를 쓰는 것만 못하다. 첫째로 재료들은 최고이나 배합을 잘 못한 경우라면 어딘가 어설픈 요리가 될 것이다.

메인 재료를 무엇으로 할 것이며 나머지를 어떻게 서브로 적절하게 섞을 것인지를 판단하는 것도 셰프의 역량을 보여주는 중요한 기준이 된다. 나의 여러 스펙들 중에서 어떤 부분을 잘 살려 그 분야의 스페셜리스트가 될 인재로 어필할 것이냐를 선택해야 하는 것과 같다.

둘째는 최고의 재료들을 너무 높은 온도에서 장시간 끓인 경우다. 이 경우 재료가 자만심이라는 나쁜 성분으로 변질될 수 있다. 마치 고기를 센 불에 오래 구우면 질겨져 부드러움을 잃게 되고, 채소를 끓는 물에 오래 데치면 아삭한 식감을 해치는 것과 같다. 겸손한 자세와 객관적인 시선으로 내 자신을 바라보는 적정 온도를 유지하는 것도 중요하다.

다음은 〈식스팩〉이 가장 주목하는 유형인 최상의 재료를 갖지 못한 셰프들이다. 첫 번째로 가장 안타까운 것은 바로 지금 가진 재료들의 소중함을 모르고 최상급 재료에 대한 집착을 버리지 못한 경우다. 마치 신기루처럼 손에 잡히지 않는 그것들을 좇는 동안 자신이 가진 재료는 썩고 상하여 더 이상 요리에 쓰지 못할 지경이 된다. 자신의 장점을 스스로 깨닫지 못하면 그것은 재료가 없는 것과 마찬가지다.

두 번째는 바로 그 반대 케이스로 〈식스팩〉의 위력을 유감없이 발휘하는 유형이다. 이들은 최고의 스펙을 가지진 않았지만 그것을 열심히 다듬고 솎아내어 재료의 맛을 잘 살릴 수 있도록 가공한다.

그렇게 열심히 가꾼 담백한 스펙에 나만의 독특한 비법을 녹인 〈식스팩〉이라는 양념까지 갖춘 셰프들은 이것을 먹을 사람의 입맛에 맞게 자유자재로 요리하여 결국에는 최고의 요리를 만들어낸다.

태양을 노란색 점으로 바꾸는 화가가 있는가 하면 지적 능력과
예술성을 발휘해서 노란색 점을 태양으로 변모시키는 화가도 있다.

파블로 피카소

우리가 흔히 알고 있는 훌륭한 셰프들이 그러하듯이 스펙을 요리하는 셰프의 세계에서도 마찬가지다. 좋은 셰프는 어설픈 재료를 가지고도 최고의 요리를 만들어내고, 감 떨어지는 셰프는 최고의 재료를 가지고도 요리를 망친다. 너무나도 상식적이고 당연한 이야기이다.

당신은 지금 훌륭한 요리를 만들기 위해 열심히 재료를 구하는 중이다. 서점에 가보면 최고의 재료를 어디서 어떻게 얻는지 그 방법들을 많이 찾아볼 수 있다.

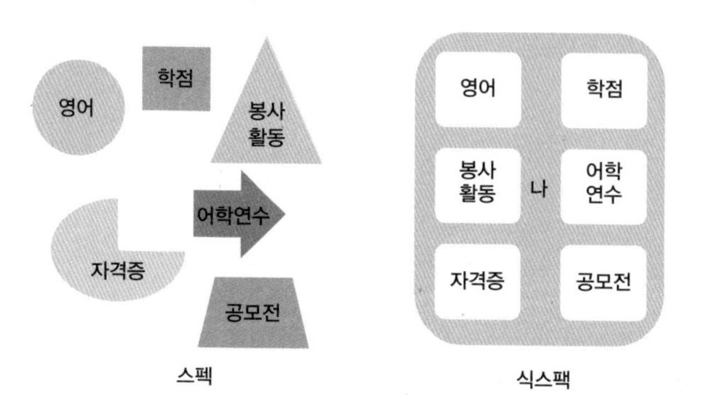


하지만 이제는 그 재료를 요리하는 나 자신에 대해서도 생각해 볼 필요가 있지 않을까? 〈식스팩〉은 오직 재료 자체만을 목적으로 착

각하는 이 시대의 셰프들에게 이렇게 질문하고 싶다.

어렵게 얻은 그 재료들을 커다란 쟁반에 그냥 널어놓고 싶은가? 아니면 맛있는 양념으로 버무려서 예쁜 접시에 데코레이션까지 곁들이고 싶은가? 당신이라면 둘 중에 어떤 요리가 더 먹고 싶을 것 같은가? 당신은 둘 중에 어떤 셰프가 더 유능하다고 생각하는가?

잊지 말기 바란다. 회사가 원하는 것은 재료도 요리도 아닌 바로 당신이라는 것을 말이다.

# 아이돌 말고 싱어송라이터 말고 프로듀서처럼

요즘 방송사마다 오디션 프로그램 하나쯤은 꼭 있는 것 같다. 엠넷 〈슈퍼스타 K〉를 시작으로 불어온 오디션 열풍이 최근에 다시 강세다. 내가 응원하는 오디션 스타의 무대를 지켜보며 혹시나 떨어질까 가슴 졸인 기억은 누구에게나 있는 것 같다. 이미 잘 다듬어져 '짜잔' 하고 나타나는 스타가 아닌 우리 옆 동네에 살 법한 사람이 스타가 되는 과정을 지켜보는 것은 꽤나 흥미로우니 말이다.

오디션 프로그램의 관전 포인트 중 심사위원들의 날카로운 심사평도 빼놓을 수 없다. 오디션에는 참으로 다양한 사람들이 참가한다. 노래를 잘 부르는 사람도 있고 외모가 뛰어난 사람도 있고 작곡이나 악기 연주 능력이 탁월한 사람도 있다. 이런 다양한 사람들을 상대로 각각에 맞는 최적의 조언을 해주는 심사위원들의 날카로운 통찰력은 때로 감탄을 자아내기도 한다.

그들의 심사평을 잘 듣다 보면 누군가의 재능과 가능성을 평가하는 데 기준이 되는 몇 가지 키워드를 발견할 수 있다. 엠넷 〈슈퍼스타 K〉의 윤종신이 자주 쓰는 단어이기도 한 '프로듀서Producer'도 그 중 하나이다. '저 팀에는 프로듀서가 있다' 혹은 '저 친구는 프로듀서가 반드시 필요하다'는 식으로 많이 언급되는데 과연 이 프로듀싱 능력이라는 게 뭔지 궁금해진다.

앞서 말한 윤종신은 그 자신이 바로 우리 나라에서 유명한 음악 프로듀서 중 한 사람이다. 음악 프로듀서는 앨범 하나를 만드는 데 있어 콘셉트를 정하고 그 콘셉트에 맞는 곡, 연주Playing, 믹싱Mixing, 마스터링Mastering, 의상, 퍼포먼스 때로는 마케팅까지 제작 전반에 걸쳐 모든 활동을 기획하고 책임지는 일을 한다.

노래는 끝내주게 잘 하지만 번번히 선곡을 잘 못하는 경우, 부르는 곡마다 원곡 가수의 성대모사를 하는 경우, 자유미션을 주면 뭘 해야 할지 모르고 멍 때리는 경우라면 노래를 아무리 잘 한다고 해도 매력적으로 어필하기 힘들다.

이런 사람들에게 필요한 것이 바로 프로듀서다. 가수의 장단점을 제대로 꿰뚫어보고, 그 장점을 극대화시켜 단점을 가려주고, 대중의 정서를 정확히 파악하고 있어 확실히 먹히는 콘셉트를 잡을 줄 안다. 제대로 된 프로듀서를 만나야만 그 노래 실력도 빛을 발할 수 있는 것이다.

| 외모 | | 보컬 | | 보컬 및 댄스 트레이닝 |
|---|---|---|---|---|
| 보컬 | | 작사 | | 콘셉트 및 이미지 메이킹 |
| 댄스 | VS. | 작곡 | VS. | 기획 및 마케팅 |
| 아이돌 | | 싱어송라이터 | | 프로듀서 |

안타깝게도 취업을 하는 데 있어서는 이 프로듀서의 역할을 해 줄 사람이 따로 존재하지는 않는 것 같다. 우리는 노래도 잘 해야 되고 스스로의 가치를 우아하게 포장해 세상에 내놓을 줄 아는 프로듀싱 능력도 함께 갖춰야 한다.

예쁘고 노래도 잘 하고 자작곡도 만들 줄 알며 무대 퍼포먼스까지 뛰어난 스펙 푸어들이 미끄러지는 것을 수없이 봤다. 그들은 모든 분야의 스펙을 최고치로 끌어올렸지만 정작 자기 자신이 그 스펙의 주인이 되지는 못한 것 같았다.

모두가 부러워하는 최고의 스펙을 가질 만큼 영리하고 민첩한 그들은 어째서 자신의 스펙을 경영하지 못했을까? 아마도 목표 의식 없이 스펙만 좇아온 결과라고 짐작한다. 토익 점수가 높아야 한다고 해서 만들고 해외 연수도 필수라고 해서 다녀오고 봉사 활동도 하면 좋다길래 하고, 스펙에 해당하는 항목들을 마치 서로 다른 과목의 시험 공부를 하듯 별개로 접근한 데서 발생한 오류다.

그러다 보니 자신의 가치를 인정받아야 할 대상인 대중의 정서, 즉 내가 가고 싶은 꿈의 기업의 기호(嗜好)에 대한 통찰도 부족하다. 단지 시험 공부할 과목이 하나 더 늘었을 뿐이다. 1년치 기사와 사보를 스크랩해 동정(動靜)을 읽고, 기업의 사업과 활동을 꼼꼼히 기록하며, 해당 산업의 최신 트렌드를 외운다. 그들이 진정 어떤 인재를 원하고 있는지 추측할 방법은 모른다.

프로듀싱 능력의 부재로 나오는 가장 결정적인 실수는 자기 자신에 대한 객관적인 평가가 부족하다는 것이다. 스펙을 올리는 데 치중하느라 자신이 어떤 사람인지에 대해 생각하는 시간조차 갖지 못한 경우가 흔하다.

이 경우 우리가 흔히 오디션에서 본 것 같은 상황이 발생할 수 있다. 나의 장점을 단점으로 착각하거나 단점을 장점으로 오인해 스스로의 매력을 떨어뜨리는 이미지 메이킹을 한다. 취업을 제 2의 수능으로 생각한 스펙 푸어에게 '나'라는 과목은 없기 때문이다. 결과는 생각보다 참담하다.

삼성그룹의 직무적성검사인 SSAT는 '삼성고시'로 불린다. 2013년 한해 약 10만 명이 응시해 1995년 첫 시행 이후 최고치를 기록했다. 최근 이를 위한 전문학원이 늘어나고 컨닝용 볼펜까지 목격되는 등

과열양상이 심화되었다. 이처럼 공정하게 인재를 가려내겠다는 채용 정신이 흐려지자 삼성그룹은 SSAT의 대안을 내놓겠다고 밝혔다. 더 이상 학원에 다니면서 시험 공부하듯이 취업을 준비해서는 승산이 없다는 뜻이다.

〈식스팩〉은 스펙을 부정하는 것은 아니다. 스펙을 발전시키는 데는 영리한 태도와 성실한 노력, 그를 증폭시킬만한 시간의 투여를 바탕으로 한다는 점에서 충분히 가치있는 일이다. 다만 도서관에 앉아 토익책을 펼 때, 한 시간 후에 앉은 자세를 고칠 때, 단순히 점수 몇 점 올리기 위한 것이 아니라 내 자신의 성장을 위한 것이라는 능동적인 관점이 필요하다는 것이다.

이런 건강한 마인드로 스펙을 대하는 과정과 경험 속에서만 〈식스팩〉도 자연스럽게 함께 자랄 수 있다.

취업을 하는 것은 나이지 내 스펙이 아니다. 또한 나는 학벌, 학점, 어학 점수의 총 합이 아니다. 나는 내 스펙을 요리하는 셰프이자 지휘하는 마에스트로이자 경영하는 CEO가 되어야 한다. 스스로가 스스로의 프로듀서로서 책임지고 자기 자신을 최고의 인재로 기획해야 한다.

그 프로듀싱을 위해서는 스펙도 반드시 필요하다. 이처럼 스펙과 〈식스팩〉은 서로 불가분의 관계다. 스펙 없는 프로듀싱은 내실 없는 허영이며 프로듀싱 없는 스펙은 숫자에 불과하기 때문이다. 스펙과 〈식스팩〉의 완벽한 조합으로 우리 생애 가장 화려한 오디션을 준비하자.

| | | | | |
|---|---|---|---|---|
| 국어 | → | 학점 | | |
| 영어 | → | 영어 | | 스펙을 요리하는 셰프 |
| 수학 | → | 자격증 | → | 스펙을 지휘하는 마에스트로 |
| 사회 | → | 공모전 | | 스펙을 경영하는 CEO |
| 과학 | → | 봉사활동 | | |
| 입시 | | 스펙 | | 식스팩 |

## 식스팩을 점검하기 위한 3단계 체크리스트

**1단계** : 아이돌

내가 다른 사람들보다 특별히 잘하는 일은 무엇입니까?

**2단계** : 싱어송라이터

내가 잘하는 일을 바탕으로 의미있는 도전이나 특별한 경험을 한 적이 있습니까?

**3단계** : 프로듀서

나의 능력과 경험이 나의 꿈의 기업에서 어떻게 활용될 수 있습니까?

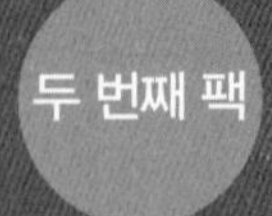


# 모든 것은 트렌드에서 시작된다

10년 후 먹거리 찾기 프로젝트

나에게 트렌드를 입혀라

비즈니스 트렌드와 인문학과의 관계

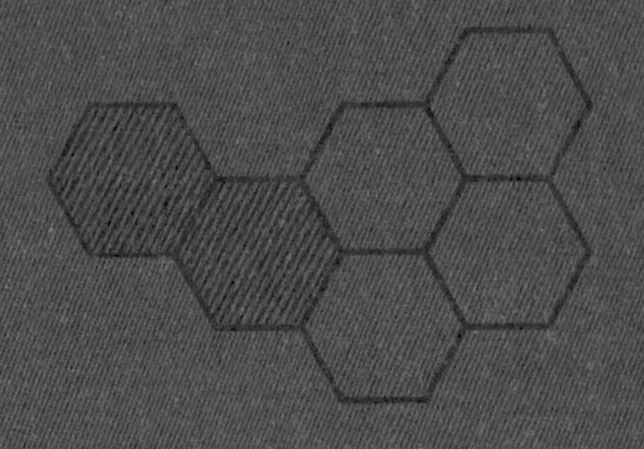

# 10년 후 먹거리 찾기 프로젝트

나는 MBC 〈무한도전〉의 애청자이다. 무한도전은 매주 시청자들에게 큰 즐거움을 주는 재미난 특집들을 해오고 있다. 그 중에는 〈무한상사〉처럼 오랫동안 사랑을 받으며 꾸준히 그 스토리를 이어오는 특집도 있다.

〈무한상사〉는 유재석을 비롯한 출연 멤버들이 한 기업의 직원으로 분해 사회 생활에서 마주할 수 있는 여러 가지 에피소드들을 각색해 보여주는 상황극이다. 예능 프로그램이다보니 설정 자체가 다소 비현실적이고 희극적 요소들이 가미돼 과장되기도 했지만 이를 통해 사회 생활의 한 단면을 엿볼 수는 있을 것 같다.

〈무한상사〉의 유재석 부장과 그 팀원들은 회장님의 숙제를 받아

매일매일 같은 고민을 한다. 그 숙제는 바로 10년 후 〈무한상사〉를 먹여 살릴 먹거리를 찾아오라는 것이다. 왠지 어디서 많이 듣던 말처럼 익숙하지 않는가? 회사명과 회장님 이름만 바꾸면 일간지 헤드라인에서 쉽게 찾아볼 수 있는 말이다.

단언컨대 이는 현실과 크게 다르지 않다. 기업은 지속 가능한 성장을 위해서 늘 현재의 성과에 안주하지 않고 10년, 20년 후를 내다보며 리드할 방법을 치열하게 고민한다.

그렇다면 이 10년 후 먹거리를 찾기 위해 기업이 가장 먼저 취하는 액션은 무엇일까? 바로 10년 후 먹거리에 맞는 인재를 찾는 것이다. 사실 그것은 기업의 미래를 위한 첫 단추이자 전부일지도 모른다.

그래서 면접장에 들어가 "저는 〈무한상사〉의 10년 후 먹거리를 찾기 위해 왔습니다."라고 정직한 눈망울로 당차게 외치면 되는 걸까? 안타깝지만 이런 사람은 하수다.

당신이 들어가고 싶어하는 그 꿈의 기업은 보통내기가 아니다. 그들은 언제나 당신보다 한 발 앞서 움직인다. 그 중 어떤 기업들은 아마 당신이 태어나기 훨씬 전부터 오랜 시간 그렇게 사회를, 세계를 리드해오고 있다.

그들은 아마 10년 후 먹거리의 정체가 무엇인지 일찌감치 감을 잡았을 것이다. 그리고 그 먹거리의 실체를 생각보다 구체적으로 밝혔을 것이다. 한식인지, 양식인지, 중식인지 모든 파악은 끝났다.

이미 당신을 뽑기로 한 그 순간 기업의 채용 기준은 당신이 그 10년 후 먹거리를 함께 요리하는 데 적합한 인재인가? 동시에 이 10년 후 먹거리를 요리하면서 20년 후 먹거리를 찾아내기 위한 통찰력을 발휘할 수 있는 인재인가? 두 가지일 것이다.

그럼 면접장에 들어가는 나는 어떻게 해야 할까? 난 수저를 들고 가야 하나 포크를 들고 가야 하나? 포크와 나이프를 들고 갔는데 국물 요리가 나오면 어떡하지? 에라 모르겠다 다 들고 가버릴까? 머리 속이 복잡해진다.

우리도 수십 년간 부모님 말씀 잘 듣고, 학교 열심히 다니고, 친구들과 원만히 생활해 온 꽤 괜찮은 학생이다. 그러나 안타깝게도 우리와 꿈의 기업과의 역량 차이는 꽤 큰 것 같다.

10년 후 먹거리의 정체에 대해 소위 엘리트라 불리는 수많은 사람들과 세계적인 명망을 갖춘 리더들이 일사불란하게 움직여 찾아내는 것과 나 혼자 도서관에 앉아 머리를 싸매는 것에는 어쩔 수 없는 간극이 있지 않겠나?

다행히 그 10년 후 먹거리의 정체에 대해 작은 개인이자 학생인 우리도 약간의 힌트를 얻을 수 있는 방법은 있을 것 같다. 그리고 그것은 의외로 꽤 손쉽다. 여기 내가 그 힌트를 찾아 헤맨 이야기가 있다.

나는 2010년 4월 예비 광고인들의 꿈의 무대이자 나의 숙원사업이었던 제일기획 광고대상에서 대상을 받았다. 그리고 그 해 여름 방학 동안 제일기획에서 인턴 사원으로 일할 수 있는 기회를 얻었다.

당시 나는 마케팅 전략본부의 AP Account Planner로 배정을 받았는데 내가 속한 팀은 기업의 마케팅 전략 수립 및 브랜드 비전 정립, 진단을 넘어 솔루션까지 확장된 크리에이티브 컨설팅 등 참으로 어마어마한 일을 하는 곳이었다.

매일 같이 자랑스러운 선배들 사이에서 느끼는 모든 것이 배움이 되었다. 지금 선배들이 이런 표현을 들으면 민망하시겠지만 프로들의 말투, 몸짓, 눈빛, 걸음걸이 하나까지 영감을 주지 않는 것이 없었다.

지금도 그렇지만 그 때의 나는 꽤 어렸고, 어린 티가 났고, 그래서 비밀에 부쳐두고 싶었지만 모두가 그것을 눈치챘다. 나는 '멋있어'라고 크게 쓰여진 동경의 눈빛으로 '나도 저렇게 되고 싶어'라는 수줍은 꿈을 조심스레 품은 채 내게 주어진 일을 차근차근 해나갔다. 물론 그 중에서도 내가 가장 잘한 일은 바로 구경이었다.

정말이지 처음 만난 제일기획은 구경할 것 천지였다. 내가 좀 신기해할라 치면 선배들은 더 신기한 것을 보여주고 더 놀라운 것을 알려주었다. 선배들의 입술 사이에서, 노트북에서, 책상 위에 무심하게 널브러진 페이퍼에서 새로운 세상이 자꾸만 나왔다. 함께 커피를 마시다가도, 엘리베이터에 사람이 많아 계단을 오르다가도, 바빠서 점심 시간에 김밥을 먹다가도 자꾸만 그랬다.

문제는 당신이 무엇을 보는가(look)가 아니라 무엇이 보이는가(see)이다.

헨리 데이비드 소로(Henry David Thoreau)

그렇게 열심히 구경만 하던 어느 날 나는 무언가를 발견하게 되었다. 우리 팀에서 장인의 그것처럼 한땀 한땀 정성스레 지어져 나오는 수많은 기획서들에 공통적으로 언급되는 키워드가 있었던 것이다. 그것은 바로 통섭(統攝)과 소통(疏通)이었다.

앞서 언급했듯 우리 팀은 기업의 비즈니스에 필요한 다양한 전략을 수립하는 곳이었다. 그리고 그것들은 바로 이 통섭과 소통이라는 개념에서 시작되고 있었다. 나는 무언가를 어렴풋이 알듯 말듯 온 몸이 간지러워졌다. 본격적으로 더 은밀한 구경을 시작했다.

# 나에게 트렌드를 입혀라

통섭(統攝, Consilience). '큰 줄기를 잡다. 모든 것을 다스린다. 총괄하여 관할한다'는 뜻으로 학문간의 경계를 뛰어넘어 학문의 대통합을 이뤄야 한다는 개념이다. 에드워드 윌슨Edward Osborne Wilson은 그의 책 《통섭, 지식의 대통합》에서 이와 같이 역설했다.

지금은 대중적인 개념이 된 것 같지만 그 시절 통섭의 열풍은 대단했다. '응답하라 2010'을 해보자면 2008년 처음 신설된 서울대학교 차세대융합기술연구원을 중심으로 여러 대학에 관련 학과 및 전공이 늘어나기 시작했다.

안철수 의원이 서울대학교 재직 시절 이 곳의 원장으로 있기도 했다. 안 의원처럼 다양한 학문을 섭렵하고 그를 통해 폭넓게 사고하여 새로운 솔루션을 창출할 수 있는 능력이 본격적으로 인정받기 시작한 때이다.

우리의 경쟁은 다른 컴퓨터 회사가 아니라 아르마니(Armani)이다.

스티브 잡스(Steve Jobs)

그 즈음 내 손 안에도 통섭의 아이콘이 들어왔다. 애플의 아이폰 i-phone이라는 기술과 디자인의 경계를 허문 혁신적인 브랜드에 전세계가 열광하기 시작한 것이다. 한 손에 착 달라붙듯 미려한 디자인과 감각적인 터치패드, 감성적인 운영체제는 젊은이들을 매혹시키기에 충분했다.

그리고 이 모든 열풍에서 가장 주목해야 할 점은 비즈니스의 분야를 막론하고 이러한 커다란 시류에 발맞춰 통섭형 인재를 찾기 시작했다는 것이다.

통섭형 인재는 'T자형 인재'라는 말로 대변됐다. 알파벳 T자의 세로축처럼 한 분야에 깊은 지식을 가지고 있으며 가로축처럼 다양한 분야를 아우르는 인재라는 뜻에서 비롯된 말이다.

이 같은 흐름을 타고 2013년에는 마침내 삼성전자에서 〈인문학 전공자 SW 직무 특별채용〉 전형이 만들어졌다. 인문학 전공자 중 소프트웨어Software에 관심있는 인재들을 선발해 일정 기간의 교육을 수료한 후 실무에 투입시킨다는 것인데 이는 통섭형 인재를 발굴하기 위한 보다 적극적인 움직임으로 볼 수 있다.

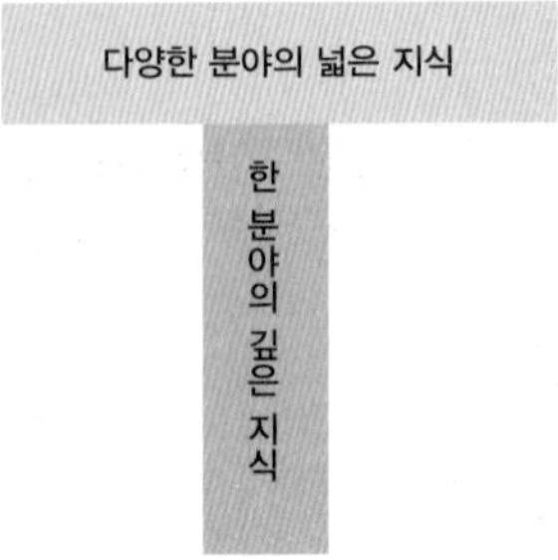

그러던 어느 날 모 대학 심리학과 수업 중 제일기획 광고대상 수상으로 대중에게 공개된 우리의 기획서가 언급되었다는 소식을 들었다. 심리학과 수업에서 왜 광고 기획서 얘기가 나왔을까 궁금했는데, 생각해보니 우리 기획서에는 심리학적 견해가 일부 녹아있었다.

다양한 분야의 넓은 지식

한 분야의 깊은 지식

우리는 아모레퍼시픽 한방탈모샴푸 '려(呂)'라는 제품의 커뮤니케이션 전략을 주제로 기획서를 썼는데 타깃인 여성에게 탈모가 갖는 의미에 대해 고민을 하다 보니 자연스레 심리학적 접근으로 이어지게 됐다.

내게 탈모가 생긴다면 그것은 비단 모발건강의 문제만은 아닐 것이다. 나는 자신감이 없어질 것이고 많이 창피해질지도 모른다. 나도 여성이기 때문에 깊은 고민을 하지 않고도 직관적으로 짐작할 수 있는 바였다.

이 같은 과정을 통해 '치료Treatment를 넘어 치유Healing로'라는 콘셉트가 도출되었다. 지금은 거센 힐링 열풍이 한 차례 지나간 듯 보이지만 내가 수상을 했을 2010년 그 때만 하더라도 힐링이 이토록 대중적인 키워드는 아니었던 것 같다.

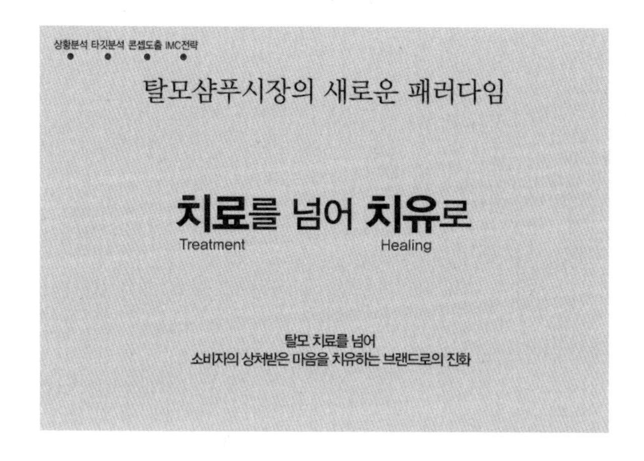


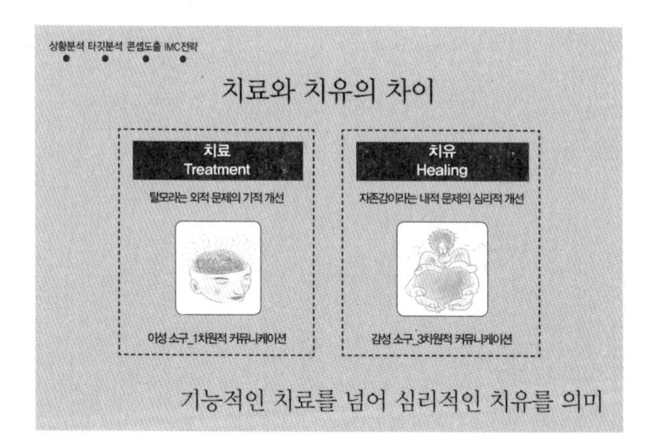


이러한 계기를 통해 나는 통섭이 어려운 개념이 아니라는 것을 알게 되었다. 기획서를 쓸 때 차근차근 생각의 길을 닦아 나가면서 물

흐르듯 다른 학문에 접근한 것처럼 통섭은 자연스럽게 이루어질 수 있다는 것을 깨달았다.

또한 통섭형 인재라는 것이 안철수 의원처럼 반드시 독립적으로 존재하는 하나의 완전체가 아닐 수도 있겠다는 생각도 들었다. 나와 내 친구들은 좋은 기획을 하기 위해 각자의 다른 생김과 색깔, 경험과 통찰을 한 데 모아 꼼꼼히 다듬고 손질했다.

통섭형 인재는 다양한 지식을 모두 갖추고 있는 한 사람일 수도 있지만 그것을 가능하게 하는 열린 태도이자 사고일지 모른다는 생각이 들었다. 이렇듯 누구나 통섭형 인재의 가능성을 이미 가지고 있을지도 모르는 일이었다.

두 번째 키워드인 소통(疏通)에 대해서도 생각이 미쳤다. '막히지 아니하고 잘 통함, 뜻이 서로 통하여 오해가 없음'이라고 국어사전은 정의하고 있다.

그 즈음 선배들의 책상에는 마치 공동구매라도 한 양 똑같은 책이 꽂혀있었는데 그것은 바로 필립 코틀러Philip Kotler의 《Market 3.0》과 이지훈의 《혼창통》이었다.

얼른 나도 그 책을 사다가 읽어보았다. 어째서 모든 전략이 소통에서 비롯되는지 알 것 같았다. 스마트폰이라는 기술적인 발전에 기반해 소통의 욕구를 대변하는 척도인 SNSSocial Network Service 사용량은 팝콘처럼 폭발했다.

새로운 시대는 갑작스럽게 들이닥쳤고 기업들은 당연히 효과적인 소통 방법에 대한 고민을 해야만 했을 것이다.

취업을 목전에 둔 2010년 여름, 나는 알게 되었다. 시대가 소통형 인재를 원하고 내가 가고 싶은 제일기획도 다르지 않다는 것을…….

피터 드러커Peter Drucker는 '일을 잘 한다고 평가 받는 사람, 그들은 '우리'를 중심으로 그리고 '팀'을 중심으로 생각한다'고 말했으며 IBM사는 '수평적 사고 교육을 받은 1명의 엔지니어가 3명의 엔지니어보다 낫다'고 말했다. 나는 소통형 인재에 가까워지고 닮아가는 방법을 찾아야 했다.

그런 고민을 하는 와중에도 여전히 내가 구경이라는 것을 참으로 열심히 하고 알고 싶은 것도 많고 궁금한 것도 많다 보니 선배들도 그런 내가 신기하셨었나 보다. 그분들도 나를 구경해주기 시작했는데 그럴 때면 이런 질문을 자주 받게 되었다.

"지혜가 올해 공모전에서 대상 받은 애구나. 혼자 했니?"

"아니요. 친구들이랑 셋이서요."

"같은 학교 친구들이겠구나."

"아니요. 그 친구들은 다른 학교에 다녀요."

"그래? 근데 어떻게 같이 하게 되었니?"

내가 상을 받고 이 곳에서 인턴 기회를 잡기까지의 여정을 함께해 온 친구들에 대해 많은 사람이 궁금해했다. 우리는 광고를 좋아하는 친구들이 모이는 한 대외활동에서 만나 자연스럽게 서로에게 끌렸다.

우리는 추운 겨울 온돌 위에서 함께 귤을 까먹으며 기획서를 썼다. 봄이 올 즈음 새로 산 원피스를 입고 가서 상을 받았고, 여름 내내 한 집에서 뜨겁게 동거하며 매일 아침 같이 지하철을 타고 제일기획에 갔다.

그렇게 매일 함께 지내며 같이 출근하고 퇴근하면서도 회사에서 마주치면 또 오랜만에 본 것마냥 반가워서 어쩔 줄 몰라하는 꽤 웃기고 시끄러운 여대생들이었다. 지금 그 셋은 광고계에 나와 AE[Account Executive]라는 이름표를 달고 또 한 번 시끄러운 인생 2막을 열고 있다.

나는 친구들과 그 시절을 관통하는 고민을 함께 분해하고 해석했다. 어떤 날은 머리를 싸매고 잠을 설쳤다. 다음 날은 소리를 지르고 밤새 이불을 차냈다.

너무나 자연스럽게 함께 있어서 몰랐지만 나를 구경하는 사람들에게는 신기하게 보였을지 모르는 일이다. 아마 내 친구들이 모두 명문대 학생들이라 더 그랬을 것 같다.

그렇게 뜨거운 여름이 끝나고 가을이 올 무렵 나는 제일기획에 최종 면접을 보러 갔다. 광고계의 별들이 나를 구경하셨고 아니나 다를까 같은 질문이 나왔다. 나는 오랜 시간 준비해 온 나의 답을 꺼냈다.

> "저는 학교가 다르고 전공이 다르고 성격이 다른 사람들과도 함께 소통하여 시너지를 낼 수 있습니다. 제가 제일기획에 오면 이런 일을 계속 하고 싶습니다."

광고인이 되기 위해 나는 그닥 대단한 걸 하지 않았다. 대단한 걸 할 줄 몰랐으니까. 나는 단지 나라는 인간을 여러 번 곱씹어 다시 생각했다. 길지 않은 24년 생에서 가장 순수하고 담백한 진심만을 꺼내 정성스럽게 내보였다. 그리고 마침내 나는 프로가 되었다.

이처럼 〈식스팩〉은 스펙에 도전하지 않는다. 스펙을 뛰어넘지 않는다. 다만 우리는 건강한 눈으로 세상을 읽고 사회를 배우고 나 자신을 냉철히 바라보고 가꾸어 나갈 뿐이다. 그리고 그 건강한 마인드는 우리 스스로를 좋은 인재로 어필할만한 강점이 되기에 충분하다.

자 이제 다시 10년 후 먹거리로 돌아가보자. 통섭과 소통이라는 커다란 흐름이 비즈니스를 지배하고 분야를 막론해 파급력을 가질 때 기업에서도 그에 적합한 인재를 찾아 나섰다.

통섭과 소통의 힌트는 학교에도 있고 도서관에도 있고 인터넷에도 있었다. 특히 서점에는 셀 수 없이 많은 통섭과 소통의 힌트가 꼬리에 꼬리를 물고 줄지어 자리잡고 있었다. 미리 말하지 않았던가? 꽤 손쉬운 방법이라고…….

지금 우리는 어디에 앉아서도 시대를 읽을 수 있는 세상에 살고 있다. 2015년은 어디로 흘러가고 있을까? 또한 당신은 어떤 인재가 되어야 할까? 건강한 〈식스팩〉을 가지고 꾸준히 귀를 기울여 볼 때이다.

# 비즈니스 트렌드와 인문학과의 관계

인문학 열풍이 식을 줄을 모른다. 아인슈타인을 천재로 만들어 주었다는 존 스튜어트 밀John Stuart Mill식 독서법이 다시 주목을 받고 고전(古典) 읽기가 성행하면서 이를 함께 나누기 위한 모임도 활발해지고 있다.

고두현의 《시 읽는 CEO》는 최근 몇 년간 CEO가 휴가 때 읽어야 할 책으로 꼽히고 있으며, 지난 2012년에는 슬라보예 지젝Slavoj Zizek이라는 세계적인 석학이 한국을 방문해 인문학을 향한 우리의 높아진 관심을 반증했다.

또한 강신주의 '한 끼 때우기 위해 먹는 밥은 사료다'라는 현대 생활과 밀접한 철학적 견해가 예능프로그램을 통해 일반에게도 대중화되면서 인문학은 우리의 생활 깊숙한 곳까지 파고들었다.

창의와 상상을 중요시하는 광고계 역시 이와 다르지 않았다. 여기저기서 인문학적 소양이 강조되고 그것이 가져오는 뛰어난 결과물들이 조명을 받았다.

인문학(人文學, Humanitics). 근대 과학에 대해 그 목적과 가치를 인간적 입장에서 규정하는, 인간과 인류 문화에 관한 모든 정신과학을 통칭하는 학문을 일컫는다.

인문학이 궁극적으로 추구하는 바가 '인간다움'이라는 것에서 스펙으로서의 내가 아닌 인간으로서의 나로 승부를 보자는 〈식스팩〉과도 일부 궤를 같이 한다.

다만 인문학적 인재든 통섭형 인재든 소통형 인재든 그 자체로서 의미를 가진다기보다는 비즈니스의 당면 과제를 해결할 때, 또한 사회 속에서 자신의 역할을 충실히 해 내기 위한 도구로서 힘을 발휘할 때 그 진가를 인정받는 것이 아닐까 싶다.

어떤 인재가 되어야 한다는 것이 일종의 답이라면 문제가 무엇인지 아는 게 먼저이지 않을까? 그러기 위해서는 다시 한번 세상의 흐름을 잘 읽을 필요가 있다.

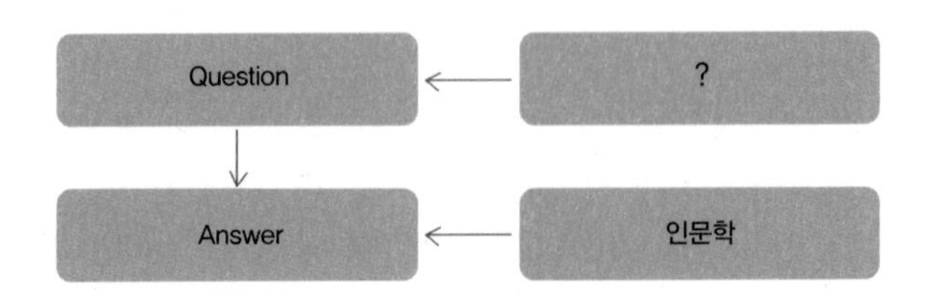

우리가 가고자 하는 그 꿈의 기업은 여러 가지 문제에 직면해 있다. 해야 할 것도, 치워야 할 것도, 키워야 할 것도 많다. 궁극에는 10년 후 먹거리를 솜씨있게 요리하기 위해 매 순간 새로운 과제를 마주한다.

이를 해결하기 위해서는 구체적인 전략(戰略)과 전술(戰術)이 필요하다. 전략은 전쟁의 목적을 달성하는 전체 국면에 관계되는 기본 방침(方針)을 말하고 전술은 개개 전투에 관계되는 방책(方策)을 말한다.

예를 들어 보자. 아마도 소통의 시대에 부합해 새로운 커뮤니케이션 트렌드를 이끌어야 한다는 전략 아래 전술로서 트위터나 페이스북 같은 SNS 들을 활용하게 되었을 것이다.

이 전략과 전술을 수립하는데 근거로 활용되는 것이 바로 트렌드이다. 이는 내가 말했던 세상의 흐름이라는 것과 크게 다르지 않다. 그런데 잘 살펴보면 각각에 영향을 미치는 트렌드의 종류가 조금 다르다는 것을 알게 된다.

트렌드는 크게 두 가지 종류로 나뉘는데 메가 트렌드Mega-trend와 마이크로 트렌드Micro-trend가 바로 그것이다.

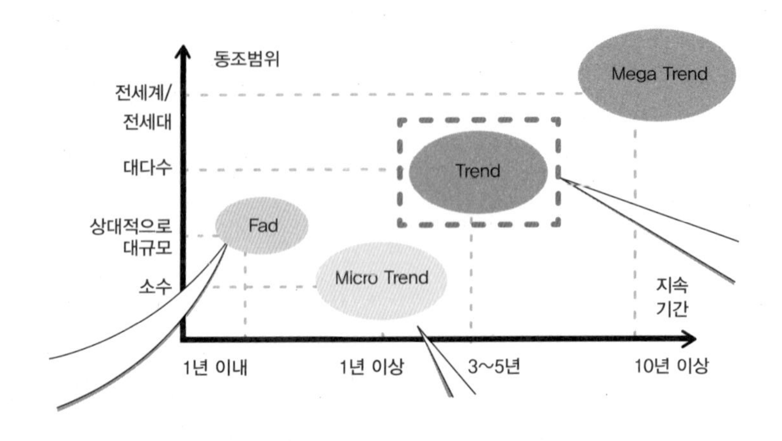


메가 트렌드는 사회, 경제, 기술상의 변화를 폭넓게 수반하는 것으로 전세계 사람들이 동조하며 10년 이상 지속되는 트렌드를 일컫는다.

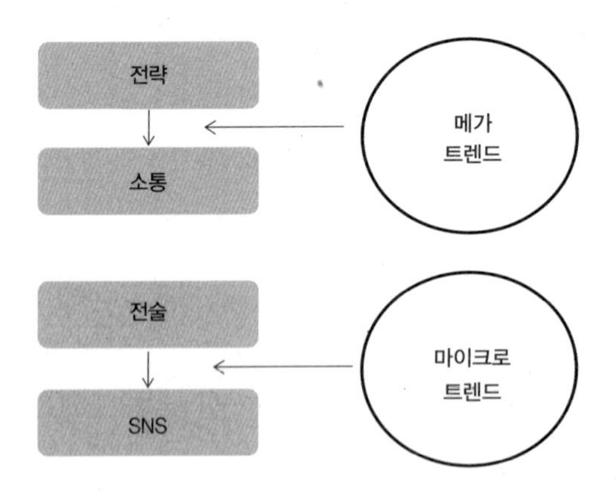


반대로 마이크로 트렌드는 소수의 소비자가 동조하는 작은 변화로서 메가 트렌드에 비해 동조의 범위가 좁고 지속기간도 상대적으

로 짧다. 또 한번 예를 들어 보자. 앞서 나온 통섭이나 소통같은 개념이 메가 트렌드에 속한다면, SNS를 비롯한 라이프스타일 관련 흐름은 마이크로 트렌드로 볼 수 있겠다.

이러한 각각의 특성에 맞게 통상적으로 전략 수립 시에는 메가 트렌드가 많이 활용되고, 전술의 경우 마이크로 트렌드를 참고하게 되는 것이다.

그렇다면 기업이 인재를 채용한다는 가장 원시적이면서도 필수적인 기본 전술을 펼칠 때 이 전술이 근거하는 전략은 아마도 메가 트렌드에서 나왔을 가능성이 높다고 짐작해 볼 수 있다.

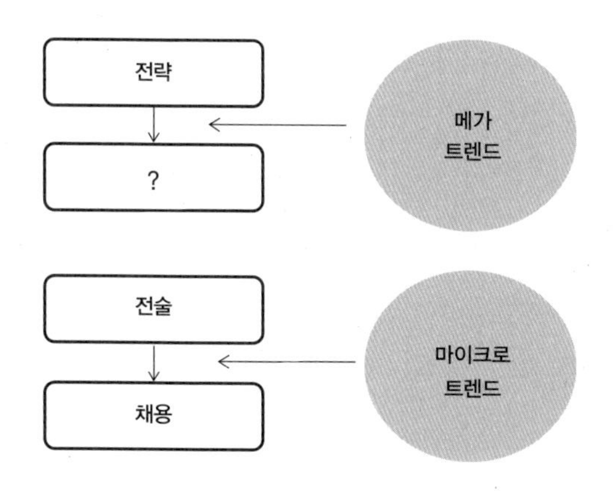


TBWA 박웅현 ECD는 '회의를 하는 것은 같은 페이지를 펼치는 것'이라고 했는데 기업이 잘 운영되기 위해서는 이처럼 같은 목표를 공유하는 절차가 필수적이다. 디즈니랜드에서는 안내원부터 청소

원까지 '행복 공장'이라는 가치를 발현하기 위해 기꺼이 이를 연기하는 배우가 된다.

GE의 잭 웰치Jack Welch도 자신이 세계에서 가장 존경 받는 CEO가 된 비결을 묻는 질문에 이렇게 답했다. "딱 한 가지입니다. 나는 내가 어디로 가는지 알고 있고, GE의 전 구성원은 내가 어디로 가는지 알고 있습니다."

나의 꿈의 기업에서도 10년 후 먹거리를 야무지게 요리하기 위해 수많은 커뮤니케이션이 오간다. 이 놈을 가지고 국을 끓일지, 찜을 할지, 튀김을 할지 구체적인 레시피를 구성원들에게 명확하게 전달하고자 지속적으로 애쓴다. 그리고 이 모든 과정은 당연히 입사 후에야 접할 수 있는 고급 정보들이다.

지금 우리 회사에 들어올지 아닐지, 다시 말해 들어올 수 있을지 없을지 모르는 수많은 지원자 중 하나인 나에게 그 레시피는 절대 공개되지 않는다. 10년 후 먹거리를 함께 요리할 셰프가 되고 싶다면 그 첫 번째 질문은 스스로 찾아내 답을 해야만 하는 것이다.

자 그러면 어떻게 해야 이 첫 번째 질문의 힌트인 트렌드를 잘 파악할 수 있을까? 내가 찾아낸 가장 가까운 답은 내가 참 잘하는 꾸준한 구경 즉 관찰이다.

얼마 전 회사에서 20대 젊은 층의 마이크로 트렌드를 찾는 교육을 받았다. 방법은 아주 간단했다. 젊은이들에게 각광받는 핫플레이스들을 방문해서 그곳을 매혹적으로 만든 포인트가 무언지 관찰해 일련의 공통점을 찾아내는 것이었다.

그곳만의 특별한 메뉴가 있다든지, 그 메뉴들에 독특한 스토리가 녹아 있다든지, 매장 인테리어는 한듯 안한듯 쿨하다든지 충분히 눈으로 읽어낼 수 있는 것들이었다.

물론 읽어 낸 특성이 어떤 소비자의 심리로부터 비롯되었는지를 파악하는 데는 약간의 통찰이 필요하다. 어쨌든 마이크로 트렌드는 우리의 라이프스타일과도 직접적으로 닿아있어 조금만 주의를 기울이면 알아채는 것이 어렵지는 않다.

문제는 메가 트렌드다. SNS와 소통의 관계처럼 마이크로 트렌드의 일부는 메가 트렌드의 반영이기도 하지만 그렇다고 해서 마이크로 트렌드의 합을 메가 트렌드로 볼 수는 없다. 이는 너무나 크고 방대하여 개개인의 생활 속에서 캐치하기는 어렵다. 내 방 창문으로는 옆집 밖에 안 보인다. 서울을 보기 위해서는 남산에 올라가야 한다.

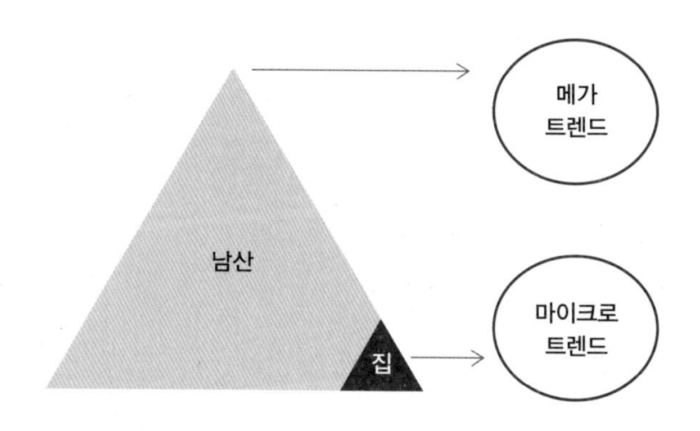

다행히 앞서 말했던 것처럼 메가 트렌드는 지속 기간이 길기 때문에 아무리 세상이 빠르게 변한다 해도 손바닥 뒤집는 것처럼 바뀔 것 같지는 않다.

예로 들었던 통섭과 소통이라는 키워드도 서로 닮은 점이 있으며 앞으로의 메가 트렌드도 이것으로부터 변형 혹은 발전되어 뻗어 나올지도 모른다. 그렇기 때문에 한번 감을 잡아놓고 지속적으로 귀를 기울이며 쫓아가는 것이 중요하다.

서울대학교 생활과학연구소 소비 트렌드 분석센터는 지난 2007년부터 10대 소비 트렌드 키워드를 발표해오고 있다.

2015년에도 'COUNT SHEEP'이라는 키워드로 '양을 세듯 작고 소소한 일상에서 행복을 찾는 소비 사회'라는 흥미로운 전망을 내놓았다. 트렌드 자체도 그렇지만 깊은 통찰과 날카로운 예측을 씨줄과 날줄로 유려하게 엮은 것이 아주 인상적이다.

나는 트렌드 코리아 2015를 준비하기 위한 트렌드 헌터 그룹의 일원으로 한 달에 한 번 내 주변에서 발견한 트렌드를 제보한다. 얼마 전 2015년을 대표할 10가지 키워드를 도출하는 워크샵에 참석했는데, 올해는 주요 기업의 취업 시즌에 맞춰 책을 더 일찍 출간해달라는 요청을 받았다는 소식을 들었다.

이 책은 언젠가부터 취업 준비생들에게 하나의 필독서가 된 듯하다. 세상의 흐름을 읽고 건강한 〈식스팩〉의 진가를 발휘하려는 전략적 취업 준비생들이 점점 늘어난다는 뜻이기도 하다.

현재를 잘 들여다보라. 미래가 뚜렷이 보일 것이다.

론 아라드(Ron Arad)

〈식스팩〉을 만들기 위해 요즘 가장 핫하다는 그곳을 방문하자. 일주일에 한 번은 시간을 들여 남산에도 오르자. 건강하고 탄탄한 〈식스팩〉으로 꿈의 기업까지 지치지 않고 걸어가는 데 큰 힘이 될 것이다.

식스팩 Tip

### 트렌드 읽기에 도움이 되는 사이트

1. 삼성경제연구소 (www.seri.org)

국내외 주요경제지표 및 사회 전반에 대한 연구 자료를 제공한다. 특히 CEO 리포트는 말 그대로 CEO에게 전하는 트렌드이기 때문에 꾸준히 챙겨 보는 것이 좋다.

2. Korea color & fashion trend center (www.cft.or.kr)

패션 및 소비 트렌드 자료를 제공한다. 비즈니스를 관통하는 물결이 그만큼 빠르다는 의미에서 '모든 비즈니스가 패션을 닮아간다'는 말이 생겨났듯 이 분야의 트렌드는 그만큼 시사점이 크다.

식스팩 Tip

### 트렌드 읽기에 도움이 되는 서적

1. 트렌드 코리아

앞서 언급했듯 서울대학교 소비 트렌드 분석센터에서 매년 발간하는 한국의 10대 소비 트렌드 예측 리포트다. 올해의 트렌드를 통해 내년의 트렌드를 예측하는 과정으로 큰 흐름을 읽을 수 있다.

2. 유니타스 브랜드

격월로 발행되는 마케팅 전문 잡지다. '세상은 브랜드로 이루어져 있다'는 캐치프레이즈에 맞게 단순 마케팅 동향 전달이 아닌 브랜드와 마케팅의 관점으로 세상을 재해석한다는 점이 흥미롭다.

# 취업에 트렌드를 활용하기 위한 4단계 체크리스트

**1단계 :** 나의 꿈의 산업에서 가장 핫(HOT)한 트렌드는 무엇입니까?

**2단계 :** 나의 능력과 경험 중 어떤 것이 트렌드에 부합됩니까?

**3단계 :** 나의 꿈의 산업과 전혀 관계없는 산업에서 가장 핫(HOT)한 트렌드는 무엇입니까?

**4단계 :** 전혀 관계없는 산업의 트렌드를 나의 꿈의 산업에 활용할 수는 없을까요?

세 번째 팩

# 목표는 섹시한 몸매가 아닌 섹시한 뇌다

내가 생각하는 방식이 나를 만든다

섹시한 뇌를 만드는 핑퐁(Ping-pong)

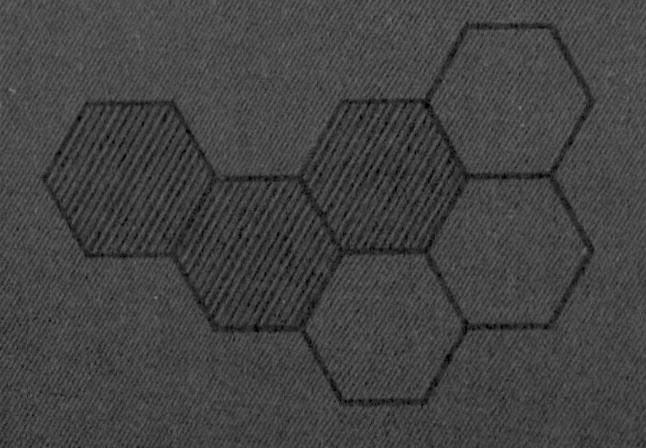

# 내가 생각하는 방식이 나를 만든다

나는 초등학교 때 처음으로 컴퓨터를 배웠다. 나름 내 또래들에 비해 일찍 정보화기기를 접한다는 자부심으로 학원을 끊었다. 유난히 추운 겨울방학이었던 것 같다. 집 바로 맞은 편에 있는 컴퓨터 학원을 수시로 들락날락하며 작은 손을 녹여 타자치는 법부터 배웠다.

생각해보면 당시 우리 집에도 컴퓨터가 있었는데 아빠가 그걸로 게임하는 법만 가르쳐줬기 때문에 나는 우리 집 컴퓨터는 너구리 게임만 할 수 있는 거고 무언가를 배우려면 학원에 가야 한다고 생각했던 것 같다. 지금 같으면 어디 가서 바보 소리들을 일이지만 그땐 어렸고 컴퓨터라는 게 그만큼 생소하던 시절이었다.

당시의 컴퓨터는 인기드라마였던 〈응답하라 1994〉에 나올 법한 추억의 모델이었다. 뒤통수가 커다랗게 불룩 튀어나온 모니터, 그 아래 정사각형의 두꺼운 본체가 누워 있었다. 바로 전설의 486이다.

타자를 익힘과 동시에 함께 배운 것이 바로 DOS Disk Operating System 와 GW-BASIC이다. Windows가 없던 시절 DOS라는 검은 화면의 운영체제에 직접 명령어를 입력해 프로그램을 실행시켰다. '너구리 게임 나와라'에 해당하는 영문으로 된 명령어를 치면 실행되는 방식이었다.

GW-BASIC은 이 DOS에서 쓸 수 있는 프로그래밍 기초 언어인데 이를 활용해 내가 직접 프로그램을 설계할 수 있었다. 이것 역시 적막한 검은 화면일 뿐이지만 그 안에서 수학 문제도 풀고 그림도 그리고 심지어 음악도 연주할 수 있었다. 물론 정확한 명령어들의 조합으로 제대로 프로그래밍을 한다면 말이다.

그래서 그 제대로 된 프로그래밍을 위해 명령어 입력 전 순서도 Flowchart를 그렸다. 이 프로그램이 어떻게 구성되는지 작업의 논리적인 흐름이나 데이터의 처리 과정을 그림으로 나타내는 것이었다.

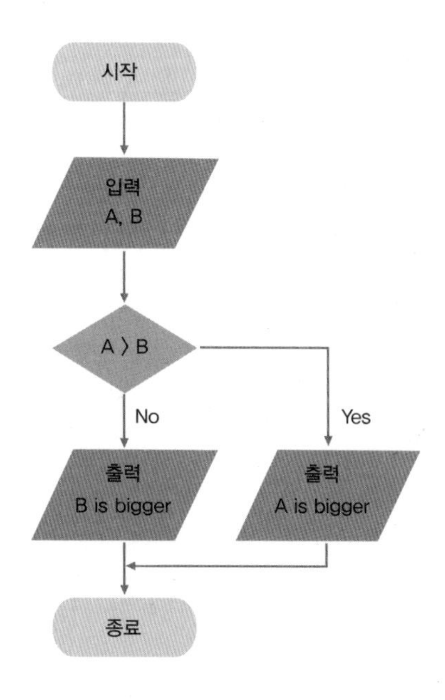


이 순서도의 논리 판단 과정은 인간의 사고 체계와도 닮은 점이 있는 것 같다. 물론 아주 단순화시켜 생각해 본다면 말이다.

위는 A와 B라는 두 숫자 중 어떤 것이 더 큰지 구분하기 위한 프로그램의 순서도이다. 우리는 1과 10이라는 두 숫자를 봤을 때 10이 더 크다고 0.1초만에 대답할 수 있다. 하지만 그 과정을 차근히 살펴보면 위 순서도처럼 1과 10이라는 두 숫자를 눈을 통해 뇌에 입력

하고, 둘 중 1이 큰지 10이 큰지 비교하고, 10이라는 숫자를 입을 통해 소리로 출력해 냈다는 것을 알 수 있다. 다만 이 연산이 우리에게 너무나 익숙한 것이라 아주 빠르게 이루어지기 때문에 이 과정이 마치 생략된 것처럼 눈치채지 못 할 뿐이다.

이처럼 우리의 뇌 속에도 각자의 역사만큼의 시간 동안 각자의 경험만큼의 재료로 아름답게 잘 짜여진 하나의 프로그램이 있다. 같은 것을 생각해도 각자 다른 답을 내는 것은 아마도 그 때문일 것이다.

인도의 명상가 오쇼 라즈니쉬Osho Rajneesh는 "그대는 인간이 아니라 하나의 메커니즘Mechanism이다."라고 말했다. 너무 냉정하게 들리기도 하지만 잘 생각해보면 공감이 가지 않는 말도 아니다.

예를 들어 생각해 보자. 여기 20세기의 가장 위대한 아이콘, 팝아트의 제왕 앤디 워홀Andy Warhol이 있다. 마릴린 먼로와 캠벨 수프를 소재로 한 대표작에서 느낄 수 있듯이 그는 상업주의와 소비주의에 물든 사회를 강렬한 색채로 표현했다.

그의 자취를 살펴보면 하나의 일관된 메커니즘을 엿볼 수 있다. 그는 스스로 기계가 되기를 원했다. 자신의 작업실을 팩토리라 불렀다. 대량생산의 특징을 받아들여 기계를 이용해 작품을 생산했다. 작품 속에서 의식적으로 미술가의 손길을 지웠다. 죽고 나서는 무덤에 '상품'이라고 쓰여지길 바랬다.

당신은 통장에 돈이 쩰 때 들어올 때 그것이 예술이라는 것을 알게 된다.

앤디 워홀(Andy Warhol)

예술에 대한 모든 관점을 뒤엎었다. 수백 년간 지속되어온 미술의 일반적인 개념들이 앤디 워홀이라는 실험적인 메커니즘을 거쳐 새롭게 재해석되었다. 그의 메커니즘을 통해 나온 결과물들은 그를 많이 닮아 있다.

그렇다면 하나의 메커니즘을 통해서는 일관된 창조물만 나오는 것일까? 여기 조금 다른 메커니즘의 사례가 있다.

네덜란드의 건축가 렘 콜하스Rem Koolhaas는 지난 20여 년간 전세계적으로 가장 폭넓은 인기를 누린 건축가 중 한 사람이다. 우리나라에서는 리움 삼성미술관과 서울대학교 미술관 설계에 참여해 잘 알려졌다.

렘 콜하스의 건축은 '자유'와 '새로움'으로 상징화되는 반(反)형식주의로 대표된다. 즉 그의 건축물에는 일관된 스타일이나 공통된 분모를 찾아보기 힘들다. 매번 새롭고 매번 다르다는 것이야 말로 단 하나의 공통점이다.

건축 이론가이자 비평가인 케네스 프램프턴Kenneth Frampton은 이런 그를 일컬어 '건축을 어떻게 하는 것인가를 진정으로 모르는, 그래서 건축을 그저 일종의 게임으로 생각하는 건축가'로 폄하하기도 했지만 해체주의 건축가로 유명한 프랭크 게리Frank Gahry는 '도시에 대한 희망적 존재인 동시에 건축계에서 가장 폭넓은 사고를 하고 있는 건축가'라고 그의 가치를 인정하기도 했다.

렘 콜하스의 건축물은 매번 다양한 색깔을 나타내고 있지만 그의 메커니즘에서는 분명 일관성을 찾아볼 수 있다. '자유로움'이라는 명확한 메커니즘을 거쳐 예측할 수 없는 창조물들이 탄생하고 있는 것이다.

메커니즘이라는 말로 대변한 인간의 사고 체계는 이처럼 다양하고, 어떤 메커니즘을 거치느냐에 따라 나오는 결과물 역시 그렇다. 직장인이 아닌 한 인간, 회사원이 아닌 광고인, 일반인이 아닌 전문가로 살아가길 원하는 우리들은 스펙만큼이나 메커니즘, 즉 내 자신이 사고하는 방식에 대해 생각해 볼 필요가 있다.

프로가 되어 당신이 맞닥뜨릴 일을 한 줄로 요약해보면 '생각하고 행동하기'이다. 나를 뽑는다는 것은 나에게 조직의 일원으로서 우리 회사를 위해 올바른 판단을 내리고 실행할 수 있는 권한을 일부 위임한다는 뜻이다. 즉 적절한 판단을 내리기에 쓸만한 사고 방식을 가졌느냐 아니냐는 기업의 주요한 인재 선정 기준인 것이다.

순발력의 기본은 말솜씨가 아니라 생각하는 방식이며 즉흥적인 센스가 아니라 평소의 경험과 지식에서 출발한다.

에머슨(Emerson, Ralph Waldo)

흔히 순발력을 면접에서 가장 중요한 요소로 꼽는다. 이 역시 생각하는 방식, 즉 메커니즘에 기초한다는 견해에 묘한 신뢰가 간다.

2010년 제일기획 광고대상 수상 특전으로 인턴 사원의 기회를 얻었던 그 때를 돌이킨다. 얼른 출근할 날이 됐으면 좋겠다는 막연한 설레임으로 기다리던 찰나 인사팀에서 한 가지 제안을 해주셨다. 그것은 공식적으로 삼성그룹 인턴사원에 지원하라는 것이었다.

삼성그룹은 신입사원과 동일한 절차를 통해 인턴사원을 채용한다. 임원 면접이라는 한 단계를 제외하고 말이다. 따라서 인턴사원으로 합격할 경우 수습 과정을 거친 후 임원 면접 한 단계만 통과하면 신입사원이 될 수 있다.

대부분의 삼성그룹 지원자들이 인턴 사원으로 먼저 문을 두드린다. 왜냐면 여름방학 때 인턴에 떨어져도 하반기 신입사원 채용에 다시 지원할 수 있기 때문이다. 기회가 두 번인 셈이다.

[신입사원 채용 절차]

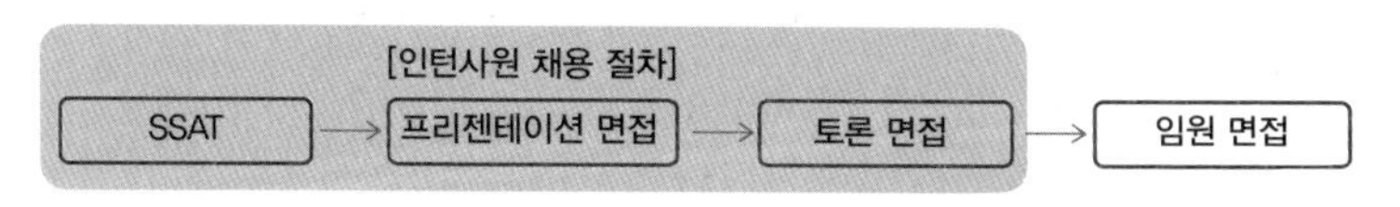


나는 어차피 수상 특전으로 인턴 사원이 될 수 있었지만 그것은 단지 인턴 수습 과정에 참가할 권한을 준다는 것일 뿐 공식적인 채

용의 절차를 통과한 것은 아니었다. 당시 나는 4학년이고 취업을 목전에 두고 있었기 때문에 인사팀에서는 공식적인 지원을 통해 프로에 한 발 더 가까이 가도록 추천하셨다. 나는 떨어져도 무조건 인턴을 체험할 수 있으니 부담갖지 말고 경험삼아 도전하라는 말에 용기를 얻었다. 그리고 운 좋게 합격했다.

짧은 시간 안에 아이디어를 요하는 많은 문제를 풀어야 하는 SSAT, 한 시간 안에 주어진 주제에 대해 기획서를 작성하여 프리젠테이션 및 질의 응답을 해야 하는 프리젠테이션 면접, 최초의 두 단계는 주어진 시간에 비해 많은 양의 과제를 해결해야 하기에 순발력 테스트라고 말한다.

우리는 흔히 순발력에 대해 영악하고 꾀 많은 여우들이나 잘 하는 얄팍한 임기응변 정도로 생각한다. 그러나 짧은 시간에 아이디어를 내기 위해서는, 그것도 꽤 설득력 있고 논리적인 아이디어를 내기 위해서는 그만큼 훈련이 되어 있지 않으면 안 된다. 즉, 아이디어가 잘 나올 수 있는 메커니즘이 정립되어 있어야 한다는 뜻이다.

앞서 1과 10이라는 두 숫자를 보고 0.1초 만에 10이 더 크다고 대답할 수 있는 이유를 말했었다. 훈련을 통해 마치 연산 과정을 거치지 않은 듯 결과값을 낼 수 있는 것처럼 순발력 역시 마찬가지다. 아이디어를 내는 데 적합하도록 훈련된 메커니즘을 통해서만 짧은 시간 내에 적절한 답을 낼 수 있는 것이다.

그렇다면 세련되고 우아하게 잘 정제된 메커니즘을 가지기 위해서는 어떻게 해야 할까? 앞서 언급한 순서도Flowchart에서 힌트를 얻을 수 있을 것 같다.

프로그래밍을 하기에 앞서 이 프로그램이 어떻게 데이터를 처리할지, 어떤 과정을 통해 값을 산출할지를 미리 그림으로 그려본다. 그리고 그림에 따라 실제 프로그래밍이 이뤄진다. 순서도가 잘못되면 절대 제대로 된 결과값은 나오지 않는다.

대학 생활을 이 순서도를 그리는 과정에 비유하고 싶다. 다양한 직간접 경험을 통해 미리 '생각하고 행동하기'에 대한 시뮬레이션을 해보며 훗날 제대로 프로그래밍을 할 수 있는 기초를 만들어야 한다. 다행히 시뮬레이션 과정에서는 실수든 실패든 그 어떤 것도 용인된다. 프로그래밍을 하기 전에 순서도는 얼마든지 다시 그리고 고칠 수 있기 때문이다.

당신이 생각하는 방식이 현재의 당신을 만들었다.

같은 방식으로 생각하는 한 당신은 당신이 가고자 하는 곳에 절대 다다를 수 없다.

보도 섀퍼(Bodo Schafer)

지금부터는 프로의 방식으로 말하고 생각하자. 그 생각의 방식이 당신을 진짜 프로의 길로 안내할 것이기 때문이다.

# 섹시한 뇌를 만드는 핑퐁(Ping-pong)

수백 년간 인간은 자신의 뇌가 작동하는 방식에 대해 연구해왔다. 뇌가 작동하는 방식을 알기 위해 또 누군가의 뇌가 작동을 했을 것이고, 방금 작동한 그 방식을 또 알기 위해 다시 한번 작동을 했을 것이다. 어찌 보면 참 어이없고도 재미있는 과정이었을 것 같다.

뇌 과학이 밝혀낸 놀라운 사실 중 가장 잘 알려진 것은 바로 좌뇌와 우뇌의 기능 차이다. 좌뇌는 이성을 담당하는 영역으로 텍스트를 통해 사고하며, 우뇌는 감성을 담당하는 영역으로 이미지를 통해 사고한다고 알려져 있다. 최근에는 감성을 담당하는 우뇌의 역할이 더욱 주목을 받으며 이를 키우기 위한 교육이 성행하는 것 같다.

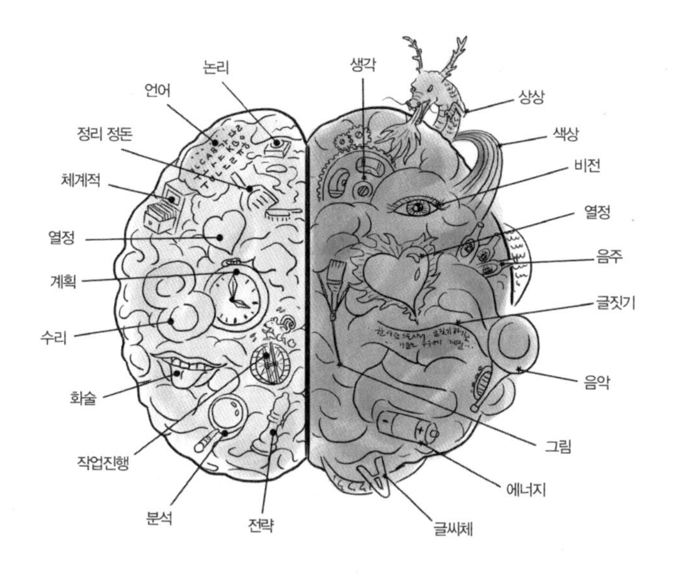


그렇다면 앞서 말한 세련되게 잘 다듬어진 우아한 매커니즘을 위해서는 어느 뇌가 더 중요할까? 우선 우리의 뇌가 성장하는 과정을 통해 정답에 다가가보자.

사춘기는 외적인 것뿐만 아니라 뇌 역시 폭풍 성장하는 시기다. 이 때의 두뇌는 뉴런이라는 세포로 복잡하게 얽힌 정보전달 통로를 가지치기한다. 필요 없는 통로를 솎아내어 좌뇌와 우뇌의 통합, 즉 사고의 통합을 원활하게 하는 것이다.

이처럼 뇌가 성장하고 발전한다는 것은 좌뇌와 우뇌의 기능이 잘 어우러져 시너지를 낼 수 있게 하는 것이다. 무언가를 골똘히 생각하는 동안 우리가 눈치채지 못하게 서로 전혀 다르게 생긴 좌뇌와 우뇌가 핑퐁Ping-pong 하듯 생각을 주고 받는다.

서로 다른 생각을 주고 받는 사이 논리가 더욱 탄탄해지고 이를 통해 뇌는 훈련된다. 이것이 바로 우리의 사고 방식, 즉 메커니즘, 다시 말해 우리 자신이 되는 것이다.

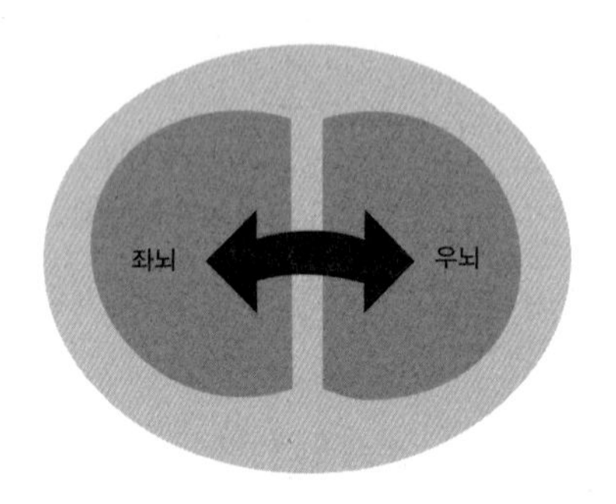


그렇다면 섹시한 뇌를 위한 핑퐁 연습을 계속하기 위해서는 어떻게 해야 할까? 좌뇌와 우뇌가 치열하게 핑퐁을 할 수 있도록 적절한 공을 던져주어야 할 것이다. 도대체 그런 공은 어디에서 살 수 있단 말인가? JTBC에서 〈밀회〉라는 '특급' 드라마를 연출한 안판석 감독은 이렇게 한다고 했다.

> 책을 읽는다는 건 지식을 습득하는 것이 아니라 자기 사고를 단련하는 거예요. 피아니스트가 연주를 하기 위해 손 근육을 단련하는 것처럼 작가, 연출가는 책을 읽으며 정신의 근육을 단련하는 거죠. 하루 대부분의 시간은 머릿속으로 사고력을 단련해야 해요.

안판석 감독은 '책'이라는 것을 공으로 활용해 좌뇌와 우뇌의 핑퐁을 한다고 했다. 책을 단순한 지식 습득의 도구로만 여기는 것이 아니라 그 진가를 100% 활용할 줄 아는 진정 섹시한 자세다.

독서가 우리의 사고에 영향을 미친다는 것은 니콜라스 카Nicholas Carr의 《생각하지 않는 사람들(The shallows)》을 통해 자세히 소개되기도 했다. 이 책은 내가 어렴풋이 짐작만 하던 것을 실증을 통해 밝혔는데, 그 내용은 생각보다 훨씬 충격적이다.

니콜라는 카는 이 책을 통해 스마트 시대를 살아가고 있는 우리가 이 수많은 스마트 기기들에 둘러싸여 정녕 스마트해졌느냐고 반문한다.

> 아침에 눈을 뜨면 스마트폰을 집어 든다. 밤 사이 온 이메일을 확인한 뒤 출근길엔 트위터, 페이스북을 거쳐 뉴스를 검색한다. 사무실에 도착하자마자 컴퓨터를 켜고 필요한 정보를 찾기 위해 웹 검색을 하는 한편, 메신저로 말을 걸어온 친구에게 답을 한다. 그 사이 새로운 이메일이 도착했음을 알리는 메시지가 뜨고, 이메일을 여는 순간, 또 다른 일이 시작된다.

이 책에 묘사된 현대인의 스마트 라이프이다. 실제 나의 하루 일과와 크게 다르지 않다. 모든 일이 인터넷이 없으면 불가능하다. 이 같은 인터넷, 정보기술, 스마트 기기의 발달이 우리의 정보와 지식을 습득하는 방식을 바꾸고 있고 이는 우리가 생각하는 방식에까지 영향을 미치고 있다는 것이 밝혀졌다.

누구나 조금만 주의를 기울이면 이 같은 변화를 느낄 수 있다. 인터넷은 참으로 빈틈없이 잘 짜인 그물망 같아서 한번 빠지면 얕은 정보들을 연속적으로 겉핥는 일이 반복된다. 최근에는 인터넷의 초록 검색창을 보면 뭘 검색하려 했는지 까먹는 일이 자주 일어난다. 또 책을 한 번 읽자 하면 어찌나 집중이 안 되는지 고요한 방에서조차 산만하고 정신사납다.

사회의 빠른 흐름에 발맞추자면 인터넷을 통해 순발력있게 정보를 습득하는 요령 역시 필수다. 작은 정보 하나 확인하자고 도서관을 뒤지다가는 바보 취급 받는 세상이다. 우리는 당연히 기술의 진보를 완전히 누릴 권리가 있다.

하지만 생각해보면 책을 읽을 때 그 안에서 엄청나게 놀랍고 신비로운 사실을 발견하여 경악을 금치 못한 적이 몇 번이나 있었나 싶다. 지식의 습득을 위해서만 책을 읽는다는 것은 정말이지 책의 진가를 온전히 누리지 못하는 안타까운 행위다.

나는 나의 글로써 다른 사람이 생각하는 수고를 면하게 했으면 하지 않는다. 오히려 가능하다면 누군가로 하여금 자신의 사고에 이르도록 북돋아 주었으면 한다.

비트겐슈타인(Ludwig Josef Johann Wittgenstein), 《철학적 탐구》

이처럼 독서의 중요성은 비단 깊고 넓은 정보의 습득에만 있지 않기에 더욱 강조되어야 할 것 같다. 인터넷으로는 필요한 것만 그때그때 단편적으로 취식하지만, 책은 처음부터 끝까지 완벽한 논리의 흐름 속에서 정보 자체만이 아닌 정보를 다각도로 분석하는 과정을 통해 사고의 폭을 넓혀준다.

자 다시 핑퐁 이야기로 넘어가자. 책이나 그림, 음악 등 뇌에 영감을 줄 수 있는 컨텐츠라면 그 형태와 방식에 상관없이 핑퐁의 공이 될 수 있다. 마찬가지 이유로 내가 이야기하고 싶은 가장 흥미로운 공이 하나 더 있다. 그것은 바로 또 다른 뇌, 즉 사람이다.

아시다시피 나는 광고인이다. 광고회사는 크게 기획과 제작이라는 두 조직으로 나뉜다. 흔히 말하는 AE Account Executive와 AP Account Planner가 기획 파트에, 카피라이터 Copy Writer와 아트디렉터 Art Director가 제작 파트에 속해 있다. 기획은 주로 전략에, 제작은 주로 전술에 특화된 역할을 담당한다.

대학 생활 5년간 나의 모든 성장은 기획력에 초점이 맞춰져 있었다. 나의 뇌는 글로써 사고하고 표현하는 데 더 익숙했다. 아마도 나는 좌뇌형 인간이었을 것이다. 나와 반대로 제작이라는 조직에 속한 우뇌형 인간들은 그림으로 사고하고 표현하는 것이 더 편해 보였다.

나는 입사 후 수많은 우뇌형 인간들을 만났고 처음에 이들과의 소통에 어려움을 느꼈다. 나와 비슷한 좌뇌형 인간들과 생각을 나누는 것이 훨씬 편한 것 같았다. 이 편함이 소통이 잘 되는 것으로 오해하고 이들과 더 좋은 성과를 낼 수 있을 것이라 착각했다.

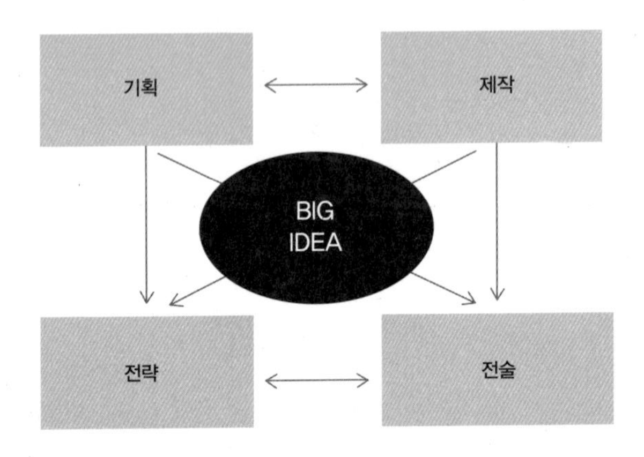


그러나 기획과 제작이 힘을 합쳐 성공적인 프로젝트들을 함께 해내면서 자연스럽게 깨달았다. 모든 역량이 빅 아이디어Big idea를 향해 집중되면서 서로가 어떤 조직에 속해있다는 구분이 무색하게 경계가 허물어졌다.

다른 뇌와의 치열한 핑퐁을 통해 엄청난 시너지가 생겼고 이는 수많은 성공 캠페인으로 이어졌다. 광고 회사의 조직 구성이 이와 같은 시너지를 위해 철저히 계산된 것이라는 점에서 매우 과학적이고 선진화된 시스템이라 할 만하다.

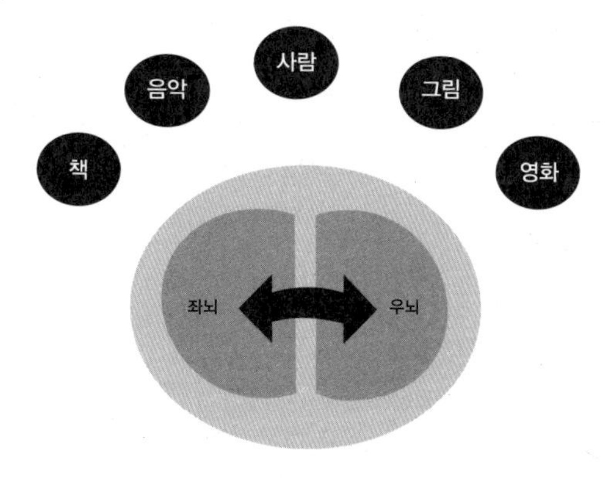


이처럼 어떤 공이라도 좋다. 당신의 좌뇌와 우뇌는 이미 꽤 쓸만한 선수들이라 처음 보는 특이한 공일수록 더 멋지게 쳐낼 것이다. 핑퐁을 통해 생각하는 방식에 우아함를 더해라. 그 생각의 방식이 당신의 눈 앞에 화려한 레드카펫을 깔아 꿈의 기업으로 안내할 것이다.

네 번째 팩

# 영혼을 살찌워야 식스팩이 오래 간다

시인이 킬러가 되는 방법

가슴 속에 시인을 품은 킬러

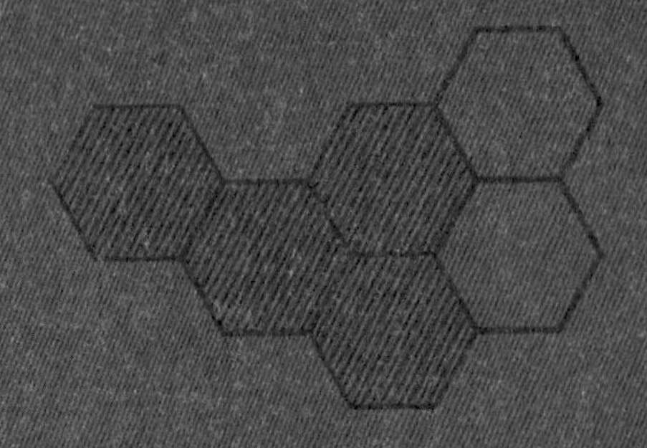

# 시인이 킬러가 되는 방법

아시다시피 나는 광고하는 일을 업으로 삼고 있다. 가끔 이 분야에 대해 설왕설래를 부르는 논제가 하나 있으니 그것은 바로 광고가 예술이냐 아니냐 하는 것이다. 이에 대한 업계의 목소리는 '아니다' 쪽에 가까운 것 같다.

예술의 목적이 순수한 미적 감동에 있다면 광고는 비즈니스와 관련된 상업적 성격이 짙기 때문이다. 제일기획 유정근 프로는 광고의 목표를 '킬러Killer'의 그것과 같다고도 했다. 의뢰인의 의뢰를 해결하니까…….

광고계에는 킬러에 맞서 '시인Poet'이라 불리는 개념도 있다. 윌리엄 메이나드William Maynard는 광고 그 자체를 목적으로 하는 사람을 시인으로, 광고를 목적에 이르는 수단으로 보는 사람을 킬러로 명명했다. 그래서 나는 아마추어에서 프로가 되는 과정이 바로 시인에서 킬러가 되는 과정과 같다고 생각한다.

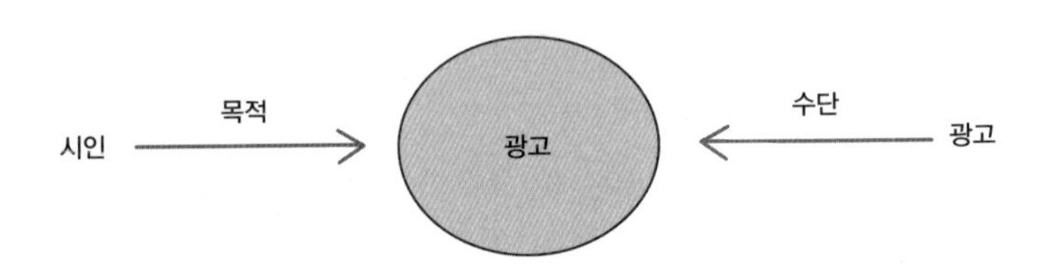


돌이켜보면 나는 딱 시인이었다. 광고를 꿈으로 만난 후 학생으로서 할 수 있는 다양한 수단을 활용해 광고인이 되기 위한 연습을 했다. 대표적인 것이 바로 공모전이었다. 당시에는 그것을 광고 기획자가 되기 위한 기획 연습이라고 생각했는데 현업에 오고 나서야 알았다. 나는 광고 기획'서(書)'를 썼을 뿐 광고 '기획(企劃)'을 한 것은 아니었다.

나는 어떻게 하면 더 세련된 스토리를 입혀 그럴 듯하고 있어 보이게 나의 논리를 풀어나갈지 고민했다. 의뢰인이 없는 세계에서 공모전에 제출할 기획서란 딱 그 정도 수준이었다. 그것이 인정받는 기획서이기도 했고 수상여부를 가르는 척도이기도 했다. 그때 나와 내 친구들은 '기획서 잘 쓰는 애'와 '기획 잘 하는 애'가 동의어인 줄 알았다.

프로가 되고 나서야 깨달았다. 진짜 기획은 흔히 말하는 '썰(說)'이 아니었다. 할 수 있는 모든 역량이 의뢰인의 의뢰를 해결하는 데 집중되었다. 그래서 때로는 광고를 전혀 하지 않는 것이 최고의 기획이 될 때도 있었다. 그렇게 나는 조금씩 킬러의 세계에 물들었다.

시인과 킬러는 비단 광고계에만 적용되는 개념은 아닌 것 같다. 여기 내가 좋아하는 훌륭한 킬러 한 분이 있다. 산업디자이너 오준식이다. 산업디자이너라는 말 속에서 이미 진한 킬러의 향기가 난다.

오준식은 이제 대한민국을 넘어 전세계에까지 혁신적인 디자인 경영의 롤모델이 되고 있는 현대카드의 디자인랩을 이끌었던 사람이다.

처음 정태영 사장과의 인터뷰에서부터 그는 자신의 킬러 성향을 제대로 드러냈다. 현대카드에 와서 제일 먼저 바꾸고 싶은 게 무엇이냐 묻는 질문에 그는 없다고 답했다. 지금 잘하고 있으니 다만 뭘 더할지 고민하겠다는 뜻이었다.

그는 자신의 업을 비즈니스 디자인Business Design이라는 말로 정의한다. 어떤 디자인이라고 수식어를 붙이면 그 틀에 갇히는 것 같아 그냥 비즈니스 디자인으로 부른단다. 비즈니스 디자인은 쉽게 말해 기업의 정체성, 브랜드의 가치를 고려해 '돈 버는 디자인'을 하는 것이다. 현대카드의 행보를 보면 쉽게 이해할 수 있다.

비즈니스 디자인 ⟷ 돈 버는 디자인

이렇게 보면 마치 킬러가 되기 위해 태어난 사람같지만 오준식은 원래 가구 디자인을 공부했었다. 사실은 시인에 가까웠던 것이다. 하지만 그는 미학적 디자인이 아닌 논리적 디자인의 길을 택했고 완벽한 킬러로 변신했다. 그는 말한다. 전공이 무엇이든 그것을 통해 비즈니스하는 감각을 배워야 한다고 말이다.

돌이켜보니 내가 제일기획에 입사하기 위한 과정 속에서도 시인과 킬러에 대한 영감을 떠올리게 하는 이야기가 있다. 인턴 사원 채용 과정 중 토론 면접을 볼 때의 일이다.

총 다섯 명의 지원자들이 한 자리에 모여 자신의 의견을 피력하는 형식이었다. 실질적으로 지원자들 간의 커뮤니케이션은 없으니 토론이라기보다는, 토론처럼 의견이 양분(兩分)되는 질문에 각자 대답을 하는 것이라고 해야 맞겠다.

질문은 총 두 가지였는데 첫 번째 질문은 이랬다. 당시 2010년 월드컵을 앞둔 상황에서 방송 3사 중 SBS만이 유일하게 월드컵 중계권을 따내 화제가 되었다. 스스로를 SBS의 프로듀서로 가정하라는 전제가 붙었다.

Q. 축구 중계가 모두 저녁 시간에 있을 예정이다. 원래 이 시간대에 방영되는 드라마를 시청하는 주부들이 모두 채널을 돌리는 문제가 발생한다. 어떻게 할 것인가?

질문의 의도에 따라 대답은 크게 두 가지로 나뉘었다.

A1. 그냥 축구 중계를 한다.
A2. 주부 시청자들을 빼앗기지 않을 프로그램을 찾는다.

나의 대답은 1번이었다. 축구 중계권을 따오는 데에도 많은 비용이 투자되었고, 방송 3사 중 독점으로 중계할 수 있는 기회를 놓쳐서는 안 된다는 것이 이유였다. 주부 시청자들은 과감이 포기하는 것이 옳다고 생각했다. 다섯 명의 지원자 중 나를 포함해 단 두 명만 1번을 택했다.

2번을 택한 지원자들의 대답이 이어졌다. 주부 시청자들은 가정 내에서 채널 선택권을 가진 핵심 인물이므로 놓쳐서는 안 된다는 것이 이유였다.

그런데 갑자기 공식적인 면접 절차에는 없던 일이 벌어졌다. 조용히 우리의 의견을 듣고 있던 심사위원 중 한 분이 2번을 택한 지원자들에게 말씀하셨다. 주부 시청자들을 빼앗기지 않을 프로그램이 무엇일지 즉석에서 아이디어를 내보라는 주문이었다.

주부 시청자들이 감정 이입을 할 수 있을 만한 주부 연예인들을 섭외해 축구 중계를 시킨다, 원래 예정되어 있던 드라마 내 에피소드에 축구 중계를 녹인다 등 다양한 아이디어가 나왔다.

멋들어진 수사와 맛깔나는 표현으로 아이디어를 설명하자 심사위원들의 표정이 밝아졌다. 그냥 단순히 축구 중계를 해야 한다고 대답한 내게는 당연히 아이디어를 이야기할 기회가 주어지지 않았다.

두 번째 질문이 이어졌다. 여전히 SBS의 프로듀서로서 답을 해야 했다.

Q. 주말 저녁 새 예능 프로그램을 기획 중이다. 최근 예능의 판도는 유재석이 나오는 프로그램과 유재석이 안 나오는 프로그램이다. 어떻게 할 것인가?

이 질문에 대한 답 역시 아래 두 가지로 나뉘었다.

A1. 유재석을 메인 MC로 기용해 프로그램을 만든다.
A2. 유재석 대신 새로운 인물을 발굴해 프로그램을 만든다.

나의 대답은 또 1번이었다. 어떤 형식의 프로그램이든 유재석이라는 검증된 빅스타의 노련함이 더해지면 분명 시너지를 낼 수 있을 것이라는 생각이 들었다.

무엇보다 내가 유재석을 쓰지 않으면 동시간대 경쟁프로그램에 기용될 가능성이 높기 때문에 반드시 잡아야 한다는 의견이었다. 첫 번째 질문에서 나와 함께 1번을 택했던 지원자 역시 같은 입장이었다.

나머지 세 명의 지원자는 또 2번을 택했다. 유재석이라는 카드가 주말 예능에서 흥행 보증수표이긴 하지만 새로운 인물을 발굴해 지금까지 보지 못했던 참신한 프로그램으로 돌풍을 일으키겠다는 의지였다.

또 2번을 선택한 참가자들에게 구체적인 아이디어의 예시를 들어보라는 주문이 이어졌다. 최근 유행하고 있는 관찰 및 다큐형 예능에서부터 외국인 패널이 등장하는 형식까지 다채로운 아이디어가 줄을 이었다.

지원자들은 아이디어를 내는 훈련이 충분히 되어 있는 듯 보였다. 심사위원들은 아빠 미소를 띄고 그들의 아이디어에 대해 이것 저것 물어보셨다. 그렇게 면접은 끝났다.

나는 몇 마디 하지 못하고 나왔다. 나의 대답은 초지일관 심심하고 밋밋했다. 면접을 마치고 나와 생각해보니 조금 헷갈렸다. 만약 처음부터 아이디어를 내보라고 주문을 했다면 나도 다른 지원자들 못지 않게 해낼 자신이 있었다. 하지만 분명 질문은 그게 아니었다.

용기가 없어서 무난한 답을 고른 것도 아니고, 아이디어가 없어서

도전을 하지 않은 것도 아니었다. 아무리 생각해봐도 축구 중계를 하고, 유재석을 쓰는 것이 백 번 옳았다. 그런데 묘하게 내가 진 것 같은 느낌이 들었다. 두 번째 질문에서라도 2번을 선택해 아이디어를 선보일 기회를 의도했어야 했나라는 비겁한 생각이 들었다.

그렇게 의문을 품은 채로 시간이 흐르고 결과를 받았다. 합격이었다. 첫 출근을 하고 나서야 알았다. 같이 면접을 보았던 다섯 명 중 모든 답에 1번을 택했던 지원자와 나 둘만 합격한 것이었다. 수수께끼가 풀리는 순간이었다.

앞서 시인과 킬러에 대한 이야기를 하고 있었다. 때로는 광고를 하지 않는 것이 최고의 기획이 될 때도 있다는 말도 덧붙였다. 흔히 아이디어는 반드시 일반적인 통념을 뒤엎어야만 하는 것으로 오인한다. 번뜩이는 어떤 것만이 아이디어라는 이름으로 불릴 자격을 갖춘 것으로 착각한다.

그 결과 기획을 위한 기획, 아이디어를 위한 아이디어를 추구하는 오류를 범한다. 나는 아이디어 뱅크이기 때문에 반드시 새로운 어떤 것을 내놓아야만 한다는 강박에 사로잡힌다. 무조건 새로운 것이 더 좋은 것이라는 낡은 기준에 따른다.

앞서 말한 오준식은 현대카드를 위해 아무 것도 하지 않겠다고 했었다. 이렇듯 킬러의 아이디어는 다르다. 번뜩이는 아이디어 자체가 아니라 비즈니스의 과제를 해결하기 위해 상황을 냉철하게 판단

하는 것에서부터 시작한다. 어떤 것이라도 아이디어가 될 수 있다. 즉 아무 것도 하지 않는 것도 아이디어다. 아이디어의 형태와 범위를 무한대로 확장한 진정 쿨한 자세다.

당시 토론 면접에서 나타난 결과의 원인을 섣불리 한 가지로 규정할 수는 없을 것이다. 하지만 분명 나의 밋밋하고 심심한 대답 속에서도 미약하게나마 킬러로서의 잠재력이 보였기 때문일 거라고 짐작한다.

이렇게 나는 제일기획의 인턴 사원이 되었다. 모두가 인정하는 대한민국 최고의 킬러들의 세계를 엿볼 수 있는 기회였다. 나는 숨죽여 그 곳에 잠입했다.

# 가슴 속에 시인을 품은 킬러

2010년 여름은 유독 더웠다. 치열한 비즈니스의 현장에서 수많은 킬러들과 함께한 시간을 떠올린다. 앞서 내가 인턴 사원으로 일했던 제일기획 마케팅 전략본부를 잠깐 소개했었다. 기업의 마케팅 전략 수립 및 브랜드 비전 정립, 진단을 넘어 솔루션까지 확장된 크리에이티브 컨설팅 등의 업무를 담당하는 그룹이었다.

나는 두 달 간 그 곳에서 아주 충격적인 것을 목격하게 된다. 그도 그럴 것이 내가 인턴 사원으로 일할 동안 우리 팀에서 진행했던 일은 바로 매일유업 고베식당의 런칭 프로젝트였기 때문이다.

고베식당은 2010년 매일유업에서 야심차게 출시한 냉장 레토르트

카레다. 단순히 광고만 만드는 것이 아니라 제품의 가격, 유통, 브랜드 전략, 패키지 디자인 등 신제품 런칭에 수반되는 모든 과정에 파트너로 참여한 제일기획 크리에이티브 컨설팅의 시초가 된 프로젝트였다. 아직도 광고 회사 업무 영역의 한계를 넘어 뛰어난 퍼포먼스를 낸 성공 사례로 업계의 칭송을 받고 있다.

프로들조차 익숙한 업무가 아닌 새로운 업무를 개척해야 하는 프로젝트였다. 그들은 자기 자신의 한계에 도전했고, 그 과정에서 킬러로서의 승부 근성은 더욱 불타올랐다. 내게는 짧은 시간에 속성으로 킬러의 본성을 엿볼 수 있는 최고의 기회였다.

제일기획에서는 프로젝트가 끝나면 반드시 그 과정에서 느낀 점을 정리한 레슨런드Lesson learned를 작성해 공유한다. 다양한 노하우를 데이터베이스DB로 관리해 방대한 배움의 농축으로 활용하기 위함이다.

선배들이 각자 이 무시무시한 카레 전쟁을 치르고 난 후의 소회를 발표하는 자리였다. 지난 시간을 돌이키며 만감이 교차하는 표정이셨다. 발표가 끝난 후 나도 레슨런드를 써왔다고 말씀 드렸다. 나만이 이야기할 수 있는 조금 다른 레슨런드였다.

선배들이 프로젝트를 진행하면서 배운 점을 이야기했다면, 나는 그것을 진행하는 선배들을 보면서 배운 점을 이야기하고 싶었다.

선배들의 눈빛이 빛났다. 이 작은 아이의 눈에 비친 자신들의 모습이 어땠는지 무척 흥미로워하셨다.

프로들이 일하는 과정을 지켜보면서 내가 가장 중요하게 생각한 것은 '나와 어떻게 다른가? 내가 생각하는 광고와 어떻게 다른가? 내가 생각하는 기획과 무엇이 다른가?'였다.

인턴 과정 중 깨우친 모든 것들을 기존에 내가 가지고 있던 방식과의 차이라는 명확한 프레임을 통해 재해석하였다. 그것은 아래와 같이 몇 가지로 정리되었다.

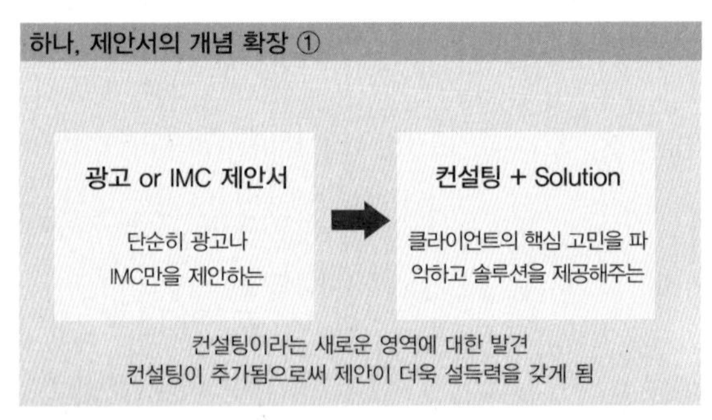

하나, 제안서의 개념 확장 ①
광고 or IMC 제안서
단순히 광고나
IMC만을 제안하는
컨설팅 + Solution
클라이언트의 핵심 고민을 파
악하고 솔루션을 제공해주는
컨설팅이라는 새로운 영역에 대한 발견
컨설팅이 추가됨으로써 제안이 더욱 설득력을 갖게 됨


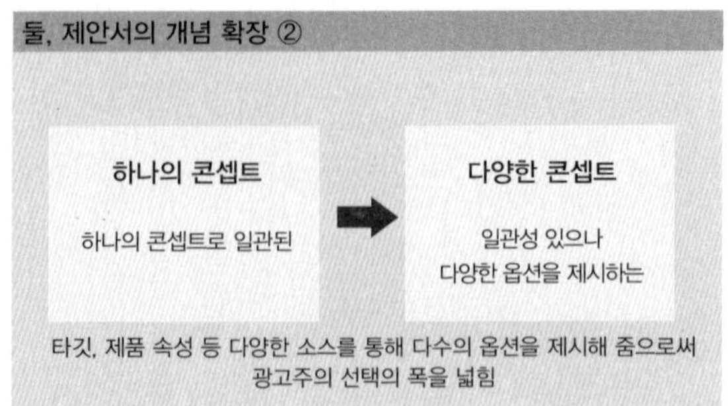

둘, 제안서의 개념 확장 ②
하나의 콘셉트
하나의 콘셉트로 일관된
다양한 콘셉트
일관성 있으나
다양한 옵션을 제시하는
타깃, 제품 속성 등 다양한 소스를 통해 다수의 옵션을 제시해 줌으로써
광고주의 선택의 폭을 넓힘

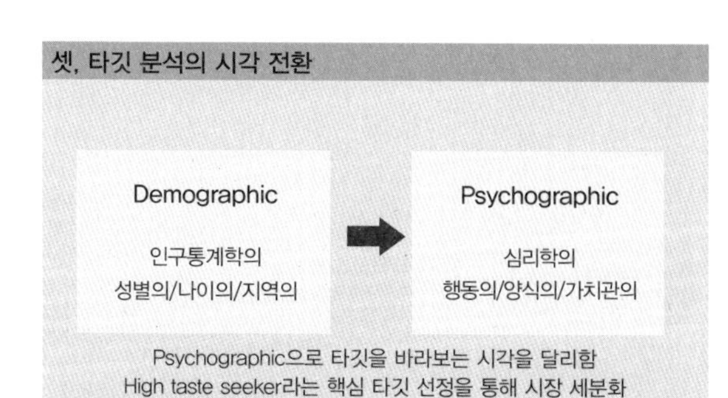
셋, 타깃 분석의 시각 전환
Demographic
인구통계학의
성별의/나이의/지역의
Psychographic
심리학의
행동의/양식의/가치관의
Psychographic으로 타깃을 바라보는 시각을 달리함
High taste seeker라는 핵심 타깃 선정을 통해 시장 세분화

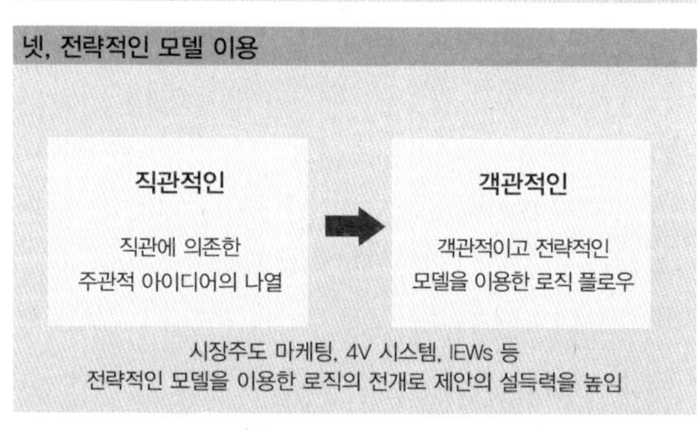
넷, 전략적인 모델 이용
직관적인
직관에 의존한
주관적 아이디어의 나열
객관적인
객관적이고 전략적인
모델을 이용한 로직 플로우
시장주도 마케팅, 4V 시스템, IEWs 등
전략적인 모델을 이용한 로직의 전개로 제안의 설득력을 높임

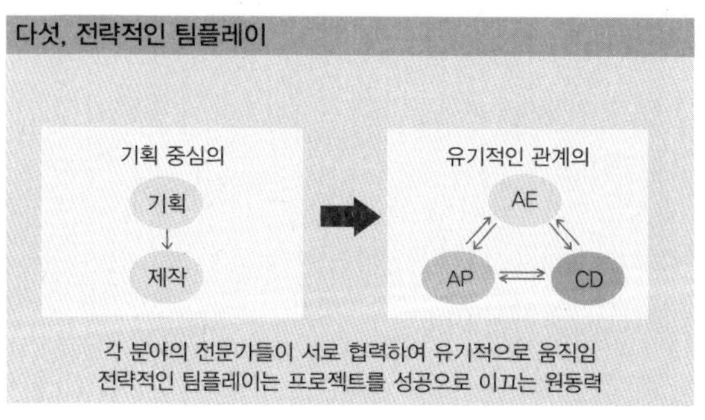
다섯, 전략적인 팀플레이
기획 중심의
기획
제작
유기적인 관계의
AE
AP
CD
각 분야의 전문가들이 서로 협력하여 유기적으로 움직임
전략적인 팀플레이는 프로젝트를 성공으로 이끄는 원동력

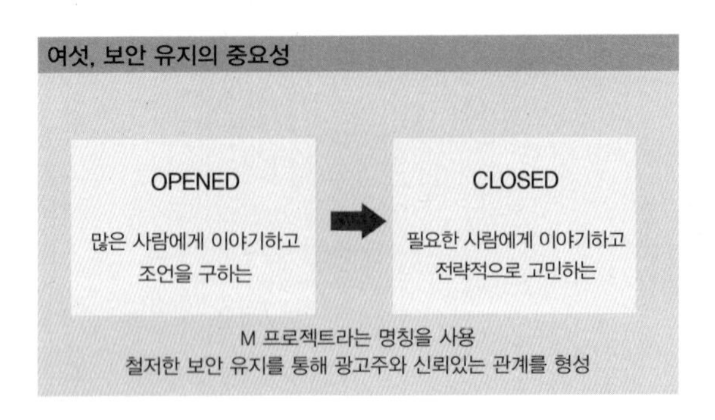


앞서 인턴 사원 면접에 대해 이야기했었다. 그 과정에서 시인과 킬러에 대한 시사점이 있었다. 프로가 되기 위해서는 킬러의 마인드를 가져야 한다는 중요한 배움이었다.

그 후 인턴으로 일했던 두 달은 실제 그 킬러들이 어떻게 총을 쏘는지, 일하는 방식을 구체적으로 밝히는 과정이었다.

시인으로서의 내가 가지고 있던 방식과 킬러들을 통해 배운 방식을 비교해 내가 성장해야 할 방향을 확실히 정립했다. 그 날 나의 프리젠테이션은 이제는 나도 킬러가 될 준비가 되었음을 알리는 조용한 신호탄이었다.

내게 그 해 여름은 유독 더웠다. 치열한 비즈니스의 민낯을 마주하자니 온 몸에 열이 끼쳤다. 나는 생각도 많이 하고, 행동도 많이 하고, 많이 먹고 많이 걸었다. 그리고 천천히 알게 되었다. 가슴이 뜨거워질수록 머리 속은 차갑게 식혀야 한다는 것, 열정만을 앞세우지 않는, 냉철한 킬러의 자세를 익혀나간 값진 시간이었다.

그렇다면 우리는 지금부터 킬러가 되어야 하는 걸까? 안타깝지만 아마추어인 당신에게 그럴만한 기회는 주어지지 않는다. 아직 당신의 능력을 믿고 일을 맡겨줄 의뢰인은 없기 때문이다. 다행히 시인과 킬러에 대해 광고계의 대가 데이비드 오길비David Ogilvy가 한 마디를 덧붙였다.

만약 여러분이 킬러인 동시에 시인이라면 틀림없이 성공할 것이다.

광고 그 자체가 목적인 시인처럼 열렬히 사랑하되, 광고를 목적에 이르는 수단으로 여기는 킬러처럼 냉철함도 갖추어야 한다는 뜻이다. 그것이야말로 가장 완벽한 프로의 자세일지도 모른다.

오준식의 비즈니스 디자인이라는 프레임으로 보면, 시인이 아닌 킬러는 비즈니스 디자이너가 아닌 그냥 비즈니스맨과 같다. 그래서 지금 우리는 누구보다 열심히 시인이 되어야 한다. 좋은 시인이 되는 과정을 통해 시인의 영혼을 뼛속 깊이 심어놓아야 한다.

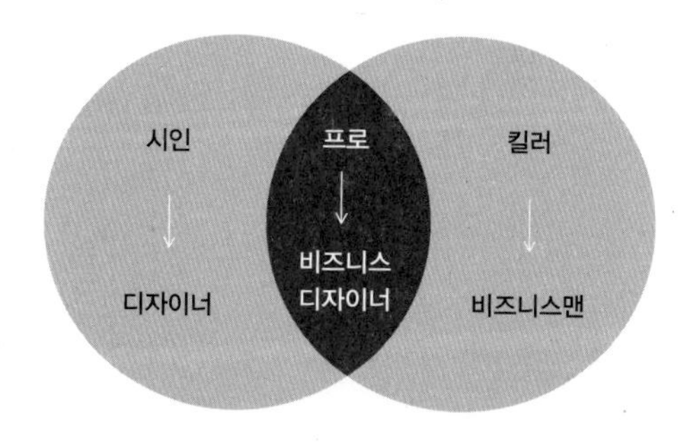

그리고 잊지 말아야 한다. 언젠가 당신은 킬러가 되어야만 한다는 것을. 꿈의 기업이 당신을 택한다는 것은 그 작은 손에 총을 쥐어준다는 뜻이다. 당신은 킬러가 될 재목으로 뽑힌 것이다.

앞으로 최고의 킬러로 성장하도록 고강도 훈련을 받을 것이다. 그 훈련은 다름 아닌 '실전'이다. '시인'을 마음 속에 품고 있어야만 내가 왜 이 혹독한 훈련을 견디는지 잊지 않을 수 있다.

〈식스팩〉의 가장 큰 의미는 그 어떤 것도 아닌 시인에서 킬러로의 자연스러운 전환을 돕는데 있다. 이것은 취업을 끝이 아닌 시작으로 보는 장기적인 관점이다. 취업을 인생의 한 과정으로 생각하는 건강한 마인드다.

그러니 지금은 마음 놓고 시인이 되시라. 누구보다 꿈을 아끼고 사랑하시라. 그것이 광고여도 좋고 자동차여도 좋다. 그것만이 전부인 것처럼 맹목적으로 추종하고 끈질기게 집착하시라. 누구보다 건강하고 튼튼한 시인이 되시라. 가슴 속에 새겨진 시인이라는 〈식스팩〉은 훗날 당신을 최고의 킬러로 만들어 줄 것이다.

## 꿈을 현실(R-E-A-L)적으로 바라보기 위한 4단계 체크리스트

**1단계 : 존경 Respect**

내 꿈은 존경을 받을 만한 일입니까?

**2단계 : 감성 Emotion**

내 꿈은 내 마음을 건드리고 있습니까?

**3단계 : 실천 Action**

나는 내 꿈을 위한 실천에 의욕적입니까?

**4단계 : 사랑 Love**

나는 내 꿈을 정말 좋아하고 있습니까?

다섯 번째 팩

# 나를 비추는 거울 앞에서 운동해라

사랑에 빠질만한 대상을 찾아라

팬클럽 정모는 실미도에서

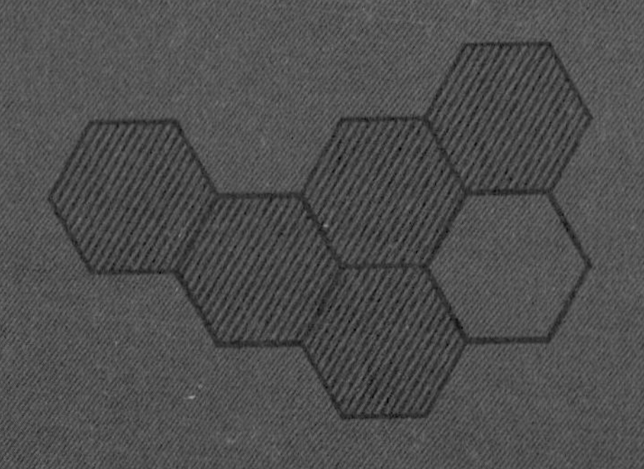

# 사랑에 빠질만한 대상을 찾아라

〈응답하라 1997〉이라는 드라마를 기억할 것이다. 대중적인 인지도가 높지 않았던 서인국, 정은지를 단숨에 스타덤에 올리고 H. O. T를 필두로 한 1세대 아이돌에 대한 향수를 불러일으켰던 한 케이블 방송의 인기 드라마다.

돌이켜보면 누구에게나 그런 시절이 있었던 것 같다. 〈응답하라 1997〉의 시대에 나는 그저 초등학생이었고 제대로 아이돌과 팬클럽 문화에 심취하게 된 건 중학생이 되면서부터였다.

당시 나의 오빠들은 지오디G. O. D였고 친구들 사이에서 가장 인기 있었던 온라인 메신저인 버디버디Buddy buddy 아이디는 '계상마눌(지오디 멤버 윤계상 마누라의 어처구니 없는 줄임말)'이었다.

친구들과 함께 지오디 콘서트 실황 비디오를 테잎이 늘어지도록 돌려보고, 대형 브로마이드로 방을 도배하고, 5대 팬픽(팬들이 스타들을 주인공으로 쓴 소설)을 섭렵하느라 밤을 새고, 오빠들이 광고하는 브랜드의 옷을 사 입었으며, 학교에서 누가 나보다 윤계상 오빠를 좋아한다는 애가 있으면 괜한 신경전까지 했다.

지오디 오빠들과의 추억을 뒤로 한 채 고등학교에 왔을 때 대세는 동방신기였다. 내가 얼마나 동방신기 무대를 봤으면 당시 3살이었던 내 남동생이 동방신기의 데뷔곡 〈Hug〉의 안무를 외울 정도였다.

2005년 수능이 끝나고 얼마 후 동방신기의 첫 콘서트가 열렸는데 나는 강원도 정선에서 기차를 타고 서울로 올라와 생전 처음 오빠들을 만났다. 그리고 그것은 마치 이 생활의 졸업을 알리는 마지막 세레모니 같았다.

모든 오빠들을 뒤로 하고 나는 마침내 스무 살이 되었고 대학에 진학했다. 더 이상 음악 프로그램을 시간 맞춰 챙겨보지 않았고, 발매일을 기다려 구입하는 앨범도 없었으며, 팬클럽 활동도 하지 않았다.

새로운 곳에서 만난 생기발랄한 낯선 친구들이 더 나의 눈길을 끌었다. 우린 서로의 다름을 나누고 매일 함께 술을 마시고 더 재미있는 건수를 찾아 헤맸다.

대학 생활의 로망이라는 C. C[Campus Couple]도 해봤다. 연애하는 사람의 하늘은 푸른색이 아니라 핑크색이라는 말도 뭔지 알게 됐다.

이 좋은 걸 왜 이제 했나 싶었다. 적어도 그 오빠가 군대에 가기 전까지는 말이다.

그렇게 남들 하는 거 다 열심히 좇아 했는데 그게 대학생활의 즐거움인 줄 알았는데 어느 순간 참을 수 없는 지루함이 몰려왔다. 숙취를 끌어안고 아침에 눈을 떴을 때 밀려오는 회의가 한 계절을 통째로 들어 삼켰다.

마침 친구들도 비슷한 감정을 느끼고 있는 것 같았다. '열 다섯 살에게는 열 다섯 살의 인생이 있다'는 누군가의 말처럼 지금 생각하면 우스워 보이지만 그때 나는 꽤 진지하게 내 인생을 두 팔 가득 끌어안고 어쩔 줄 몰랐다.

그러던 어느 날 광고를 만나고 나는 그 매력에 단숨에 빠져들었다. 나는 꽤 자주 광고를 생각했고, 궁금해했고 뭔지 모르겠지만 하고 싶어졌다.

"첫 사랑은 누구인가요?"

"맨체스터 시티(Manchester city FC)"

리암 갤러거(Liam Gallagher)

대학이라는 곳에 와 처음 만난 나의 첫 사랑은 어이없겠지만 광고다. 그것은 중학교 때 지오디를 좋아하고, 고등학교 때 동방신기를 좋아한 것과 다르지 않았다. 너무나 당연하고 자연스럽게 일어난 일이었다.

고등학교 때는 소풍 가는 버스 안에서 맨 뒷자리에 앉는 게 제일 멋있었지만 대학교에 와 넓은 세상을 보니 멋의 기준이 달라졌다. 머리 속에서 꽃을 꺼내는 사람, 등 뒤에 별을 숨기고 있는 사람, 소매 끝에 바람을 감춘 사람, 광고인이라는 게 참 멋있는 사람들이라는 걸 자연스럽게 알게 되었다.

내가 눈치채지 못한 사이에 나의 몸과 마음은 생각보다 많이 자라 있었다. 제 나름 숙녀라고 자부했던 스물한 살 여대생에게 TV 속에서만 볼 수 있는 혹은 학교에서 흔히 볼 수 있는 오빠들은 더 이상 감흥을 주지 못했다. 성숙한 나에게 걸맞는 새로운 무언가를 향한 갈증이 생겼고, 광고는 그것을 만족시키기에 충분했다.

광고는 내가 만나본 그 어떤 것보다 더 복잡하고 어려웠다. 게다가 매 순간 다른 방식으로 끊임없이 그 모습을 바꾸어 나를 교란시켰다. 때로는 화가 나 때려치고 싶었지만 뒤돌아서면 누군가 마치 뒤통수를 잡아 당기는 듯 알 수 없는 호기심이 폭발했다. 저 신기루 같은 것을 반드시 잡아 가까이 두고 사귀고 싶다는 욕심이 커졌다.

나는 광고를 좋아하게 됐지만 좋아하는 방법을 몰랐다. 다행히 내가 속한 학부에 광고홍보 전공이 있었지만 수업만으로는 성에 차지 않았다. 남는 열성은 도서관에 가서 주로 마케팅 관련 서적을 읽으며 태웠고, 책을 읽고 나면 반드시 그 내용을 기획서에 활용하고자 애썼다.

당시 케빈 로버츠Kevin Roberts의 《러브마크Lovemark》 같은 책으로 입문을 시작했는데 '지금 필요한 것은 바로 사랑에 빠질만한 구체적인 대상이다'라는 말은 노트에 적기도 전에 이미 마음에 새겨졌다. 그때 나는 그 대상을 확실히 찾은 것만 같았다.

하지만 어딘지 채워지지 않는 허전함은 계속됐다. 생각해보니 나에게 빠진 것이 있었다. 내게는 그 좋아하는 광고를 함께 나눌 친구가 없었던 것이다.

# 팬클럽 정모는 실미도에서

"너 어제 지오디의 육아일기 봤어? 계상이 오빠 완전 멋있지? 야 재민이 안을 때 팔뚝 봐봐. 장난 아니라니까." 나는 지오디를 좋아할 때처럼 이야기하고 싶어졌다. 나처럼 지오디를 좋아하는 친구들을 만나고 싶어졌다.

나는 팬클럽에 가입하기로 했다. 대학생활 주간지이자 유스 마케팅Youth Marketing 회사인 〈대학내일〉에서 운영하는 〈마케팅 리베로Marketing Libero〉가 그것이었다.

마케팅 리베로는 〈대학내일〉 20대 연구소 신익태 소장님의 지휘 아래 운영되는 실무형 대외활동이다. 광고를 좋아하는 친구들이 모여 실제 기업의 마케팅 과제를 받아 고민하고 제안해 볼 수 있는 기회가 있었다.

나는 2009년에 9기로 활동했는데 당시 10명의 멤버들이 모여 장장 6개월이라는 기간 동안 일주일에 한 번씩 꼬박꼬박 경쟁 PT를 했다. PT가 끝나면 익명 채점으로 등수를 매기고 그 등수에 따라 활동비가 차등 지급됐다.

우리 기수였던 10명의 멤버들은 참으로 다양한 색깔을 가진 친구들이었다. 그 중에는 명문대 학생도 있었고 나처럼 아닌 학생도 있었고, 광고를 전공하는 학생도 있었고 또 아닌 학생도 있었다.

우리의 공통점은 광고를 좋아한다는 것 하나였다. 그리고 그것만으로 우리가 좋은 친구가 될 수 있는 이유는 충분했다.

나는 팬클럽 활동에 아주 심취했다. 지오디의 육아일기 대신 왓 위민 원트(What women want, 광고 기획자가 주인공으로 등장하는 멜 깁슨 주연의 영화)를 같이 보고, 콘서트 대신 각종 세미나를 함께 다니고, 오빠들 화보가 실린 잡지 대신 마케팅 서적을 돌려 읽었으며, 팬 페이지 대신 광고 정보 사이트를 공유했다.

하지만 무엇보다도 이 팬클럽 활동의 진가는 역시 경쟁PT에서 나왔다. 활동비의 문제가 아니었다. 매번 자존심 싸움이었다. 이것은 그냥 웃고 떠들기만 할 수 있는 팬클럽이 아니었다. 그도 그럴 것이 마케팅 리베로는 마케팅 실미도라는 별명을 갖고 있었다. 누가 나보다 더 윤계상 오빠를 더 좋아하는지 눈에 불을 켜고 지켜봐야 했다.

우리는 매주 같은 마케팅 과제를 받아 고민했는데 각자의 특색만큼이나 전혀 다른 10개의 아이디어가 펼쳐졌다. 그리고 그것들 모두 나름의 논리를 명확히 가지고 있어 그럴듯하게 들렸다. 정말 신기한 일이 아닐 수 없었다.

PT 후에는 냉철한 질문 공격이 이어졌다. 우리는 서로의 아이디어를 다듬고 솎아내는 과정을 함께 하며 더 나은 방향으로 발전시키기 위해 늘 노력했다.

작성자 이름 : 전지혜

논리, 창의성 : 1-8 실현가능성 : 1-8

| 이름 | 논리 | 창의성 | 실현 가능성 | 피가 되고 살이 되는 comment |
|---|---|---|---|---|
| | 8 | 6 | 6 | 스토리텔링식으로 기획서를 풀어간 것이 좋았습니다. 정말 대학생의 입장에서 생각을 많이 한 것 같아서 공감할 수 있는 부분이 있었습니다. |
| | 5 | 5 | 5 | 기존의 맛집 소개와 차별화하려는 시도는 좋았지만 그래도 여전히 맛집이라는 것에 진부한 느낌이 있어서 그리 톡톡튄다는 느낌은 없었습니다. |
| | 4 | 3 | 4 | 콘셉트는 좋았는데 그에 따른 실행방안이 조금 부족한 느낌이 들었습니다. 제시한 방안으로 OO커피를 간직하고픈 문화로 만들기는 부족할 것 같아요. |
| | | | | 북클럽 |
| | 1 | 1 | 2 | 논리면에서 많이 부족한 것 같습니다. 기획서가 중간에 맥이 끊겨요. 갑자기 사진이 왜 나오는지 이해가 안 됐습니다. |
| | 7 | 7 | 8 | 분명 객관적인 프레임이나 팩트를 기반으로 하지 않음에도 논리가 탄탄해 보이는 점이 신기합니다. 직관을 논리적으로 풀 수 있는 점이 좋습니다. |
| | | | | 북클럽 |
| | 3 | 4 | 1 | 아이디어 자체는 굉장히 유용하고 좋은 것 같은데 대학생의 트렌드에서 나온 아이디어는 아닌 것 같아서 미션을 잘못 이해했나 생각이 듭니다. |
| | 2 | 2 | 3 | 정규미션인데 좀 성의가 없어 보인다는 생각이 들었습니다. 조금만 더 자료 조사를 하고 근거를 보강했으면 좋았을 것 같아요. |
| | 6 | 8 | 7 | 꿈을 사진으로 찍어주는 게 과연 간접 경험인가 의문입니다. 어차피 사진만 찍는게 전분데 개인적으로 거기 가서 찍고 싶은 느낌이 안 듭니다. |

마케팅 리베로 프레젠테이션의 채점표이다. 10명 중 매주 2명은 북클럽이라는 이름으로 선정된 광고, 마케팅, 기획 관련 도서를 읽고 주요 내용을 소개해 주었다. 나머지 8명은 그 주의 미션을 가지고 경쟁 프레젠테이션을 진행했다.

이 주의 미션은 대학생 타깃을 대상으로 모 커피 브랜드의 호감도를 높이기 위한 마케팅 전략 개발이었다.

중요한 것은 바로 코멘트였다. 한번 쭉 훑어만 보아도 대충 감이 올 것이다. 말 그대로 피가 되고 살이 되는 것들이었다. 과감하고 냉철한 평가가 주를 이룬다.

우리 10명은 각자 떼어놓고 보면 다들 어설프고 연약한 청춘이었지만, 이와 같은 훈련으로 묶어 놓았을 때는 서로가 서로에게 훌륭한 선생님으로서 역할을 충실히 해낼 수 있었다. 마케팅 리베로라는 신비한 시스템이 만든 놀라운 효과였다.

그렇게 6개월이 지났다. 나는 전보다 사람들 앞에서 더 자신있게 내 이야기를 할 줄 알게 되었고, 철저한 준비 없이는 좋은 PT를 할 수 없다는 것도 깨달았다.

9명의 선생님이 매주 새로운 지식을 소개해 준 덕분에 뇌에 주름도 하나 더 늘었고, 그들의 관점을 통해 세상을 바라보는 눈도 넓어졌다.

무엇보다도 이 팬클럽 활동을 통해 나는 내 자신이 어떤 사람인지를 조금 더 잘 알게 되었다. 길지 않은 생이지만 돌이켜보면 이 때만큼 나 자신에 대해 많이 생각한 적은 없었던 것 같다. 나는 주로 어떤 식으로 생각을 하는지, 내 기획의 스타일은 어떤지, 그것은 어떤 의미를 지니는지 깨닫게 되었다.

일주일에 한 번씩 기획서를 쓰다 보니 그 속에 일련의 공통된 특성이 있다는 것을 발견했고, 그것과 다른 친구들의 것을 매번 비교하다 보니 나의 장단점도 확실히 보였다.

내가 되고 싶은 모습과 남에게 보여지는 모습 사이의 간극을 이해하고 조금씩 좁혀나가는 연습이 가능했다.

우리는 어렸고 순수했다. 난 세상에 그렇게 맑고 투명한 인간들은 처음 보았다. 우리는 그 투명함으로 서로를 비추는 거울이 되었다. 내가 "거울아, 거울아, 세상에서 누가 제일 예쁘니?"를 외치면 9개의 거울들은 매번 성실하게 답을 해주었다. 우리는 담백하고 사려 깊은 언어로 서로에게 피가 되고 살이 되는 조언을 주고 받았다.

'너는 말을 아주 잘 하는 달변가는 아니지만 이상하게 네가 말하면 거짓말 같지는 않아'라는 그 옛날 거울의 답변을 떠올린다. 아직도 칭찬인지 욕인지 헷갈리지만 여전히 내 마음 속에서 잊혀지지 않고 힘을 주는 것만은 분명하다.

6개월간의 팬클럽 활동이 끝난 후 우리 멤버들은 삼삼오오 짝을 지어 각종 공모전에 참가했고 나가는 족족 상을 휩쓸었다. 나와 〈제일기획 광고대상〉에서 대상을 함께 받은 멤버도 우리 팬클럽 친구들이다.

겨우 광고를 향해 걸음마를 뗐을 뿐 아무 것도 아닌 채 만났던 우리들은 6개월 만에 폭풍 성장해 스스로의 가능성을 세상에 보여줬다.

그리고 우리의 다음 기수인 10기에서도 〈제일기획 광고대상〉 대상 수상팀이 나왔다는 기분 좋은 소식도 들렸다. 시간이 지나도 변하지 않는 〈식스팩〉 훈련의 진가가 여실히 드러나는 결과이다.

친구를 가지지 못한 사람은 그의 일생을 반 밖에 못 산 셈이다.

세르반테스(Miguel de cervantes)

나의 〈식스팩〉에 가장 큰 영향을 준 사건을 꼽으라면 당연히 이 팬클럽 활동이라고 자신한다. 나의 팬클럽은 이력서에 쓸 수 있을 만한 스펙은 아니다. 스펙을 좇았다면 절대 하지 않았을 일이다.

그러나 다른 어떤 이력서의 한 줄보다 내가 프로를 향해 한발 더 다가가는데 힘이 되어 주었다. 6개월 간 실미도에서 구르며 제대로 다져진 〈식스팩〉 덕분에 나는 스펙이 모자라도 어디 가서 절대 꿀릴 일이 없었다.

나와 내 친구들은 사회에 나와 또 한번 열심히 구르고 있다. 처음 만났을 때부터 10명이 각기 다른 색을 가졌던 것처럼 지금도 다양한 분야에서 각자의 색을 더 진하게 물들이고 있다.

지금도 우리의 공통점은 단 하나 밖에 없다. 실미도에서 훈련된 탄탄한 〈식스팩〉을 가졌다는 것이다. 그래서 어디서 무얼 해도 남들보다 잘 해낼 거라는 것. 그리고 그것만으로 내가 그들을 자랑스러워 할 이유는 충분하다.

식스팩 Tip

## 실무형 대외활동 리스트

1. 대학내일 마케팅 리베로
2. TBWA 주니어 보드
3. JWT 애드벤쳐 브랜드 매니저

모두 광고 회사에서 진행하는 프로그램이므로 각 사 클라이언트의 실무적인 마케팅 과제를 받아 솔루션을 고민할 수 있다. 인턴십이 부담스러울 때 학업을 병행하면서 실무를 경험할 수 있는 좋은 기회다.

# 효과적인 그룹 활동을 위한 3단계 체크리스트

**1단계** : 나는 친구들보다 어떤 점에서 뛰어납니까?

**2단계** : 나는 친구들보다 어떤 점이 부족합니까?

**3단계** : 친구들과 시너지를 내기 위해서는 무엇이 필요합니까?

여섯 번째 팩

# 건강하게 읽고 쓰고 말해라

적자생존, 적는 사람이 살아남는다

언어는 새로운 세상으로 가는 통로이다

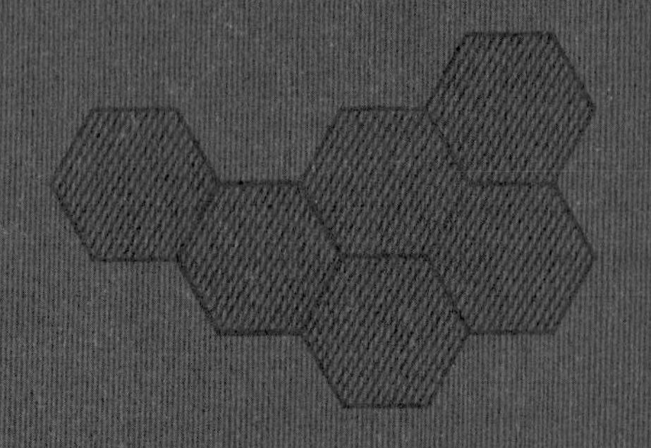

# 적자생존,
# 적는 사람이 살아남는다

우리는 그리 길다고 생각되지 않는 단 1분조차 생각을 떠올리지 않을 수 없다고 한다. 눈을 감고 아무 생각도 하지 말라는 질문을 많이 접했을 것이다. 그것이 정말 가능하지 않다는 걸 나는 방금 전에 또 한번 깨달았다.

이처럼 우리의 머리 속에서는 끊임없는 뇌 활동이 일어난다. 이것을 크게 학습, 기억, 판단, 감정, 인지로 나눌 수 있다. 그리고 인간은 이 기능들을 보완할 수 있는 도구의 개발을 위해 노력해왔다. 컴퓨터가 가장 대표적인 산물이다.

인간의 뇌를 대신할 수 있는 무언가라는 뜻에서 이를 엑소브레인Exobrain 즉, 외뇌(外腦)라 칭한다. 그러나 기술이 나날이 빠른 속도로 발전을 거듭하고 있지만 사실 외뇌를 활용함에 있어 아직도 인간의 능력이 많이 필요한 것 같다. 어쩔 수 없이 사람이 스스로 해야 하는 부분이 있다. 단 한 가지 기억이라는 영역을 제외하면 말이다.

기억은 외뇌를 통해 얼마든지 그 기능을 보완할 수 있다. 컴퓨터 속에 문서의 형태로 방대한 양의 정보를 저장할 수도 있고 스마트폰에 사진의 형태로 수천 장의 형상을 담을 수도 있다.

그러나 종이에 펜으로 쓰는 것만큼 뇌 속 기억의 영역을 자극하는 것은 없는 것 같다. 디지털 시대에서도 여전히 아날로그가 주목을 받는 이유는 단지 낭만적이기 때문만은 아니리라.

〈식스팩〉은 메모하는 습관에 대해 이야기하고자 한다. 흔히 성공한 사람들은 메모하는 습관을 가지고 있다고 하는데 메모의 기능을 이해하면 그 이유를 쉽게 이해할 수 있다.

많은 사람들이 글쓰기의 중요성에 대해 이야기한다. 메모 역시 짧은 글쓰기다. 떠오르는 생각을 글로 적어보면서 자연스럽게 아이디어에 대한 검증이 가능하다. 글이라는 형태로 옮기기 위해 순간적으로 논리적인 필터를 거치기 때문이다.

실제 아이디어를 발상만 하는 것과 그것을 밖으로 꺼내는 것에는 큰 차이가 있다. 글이든 그림이든 어떤 형태로든 그것을 밖으로 옮겨놓았을 때, 내 머리 속에 있을 때의 그것보다 부족하게 느껴지는 경우가 있다.

이상은 높은데 현실은 시궁창이라는 말이 떠오르는 순간이다. 지속적인 글쓰기 즉, 아이디어를 꺼내는 훈련을 통해 이 사이의 간극을 좁혀나가면 생각하는 만큼 표현하는데 도움이 된다.

또한 같은 이유로 글쓰기는 새로운 관점을 가지는 데에도 유용하다. 우리는 다양한 삶의 과정 속에서 어느 순간 짧게 스치는 생각들을 마주한다. 그러한 것을 놓치지 않고 집착적으로 기록하는 노력이 필요하다. 결국 사람들은 그런 집요한 사람들을 가리켜 창의적인 사람이라고 착각하게 된다.

이처럼 메모가 효율적으로 그 기능을 다 발휘하게 하기 위해서는 한 노트에 기록하는 습관을 들일 필요가 있다. 광고를 처음 시작하고 당시 메모의 중요성을 알지 못했을 때 그저 자연스럽게 생각을 기록할 필요가 있어 노트를 마련했다. 지나고 보니 이것이 기획노트가 되었다.

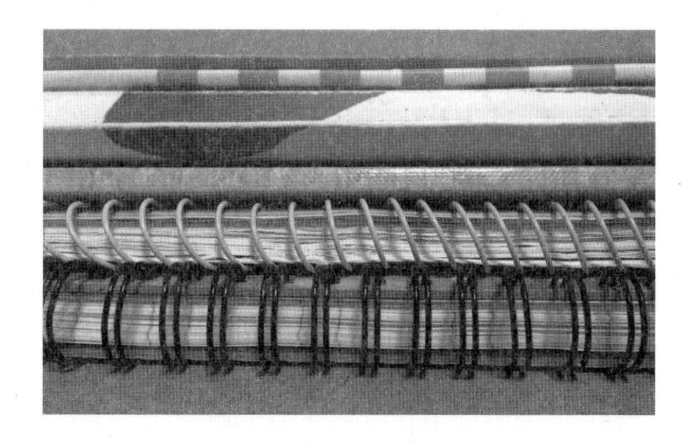

아래쪽부터 순서대로 총 여섯 권이다. 오래되어 낡고 볼품없지만 나에게는 모두 귀한 것들이다. 일기 같은 청춘의 사적인 기록이 아닌 기획서를 위한 습작 위주이지만 자세히 보면 당시의 내 감정까지 그대로 묻어있는 것 같다.

〈제일기획 광고대상〉에 낼 기획서를 준비하면서 겪었던 모든 생각의 흐름도 고스란히 담겨있다. 이것은 훗날 아래와 같은 기획서의 한 장으로 멋지게 탈바꿈했다. 의식적으로 기록하는 습관을 통해 나온 결과물이라고 생각한다.

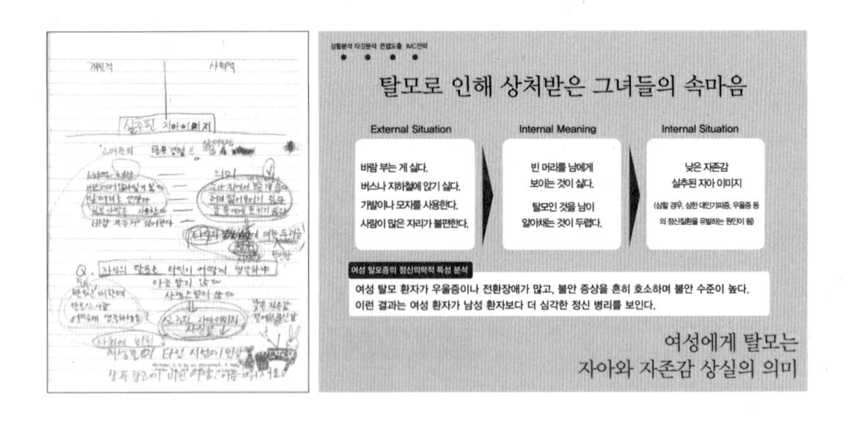


기획노트를 한 권씩 늘려가면서 지금보다 조금 서툴렀던 때의 나를 돌아보는 것도 재미있을 것이다. 하지만 신기하게도 오히려 여물지 못한 기획에서 더 많은 걸 배우게 된다. 〈식스팩〉 역시 이 다섯 권으로부터 다듬고 솎아낸 배움의 농축이라 볼 수 있다.

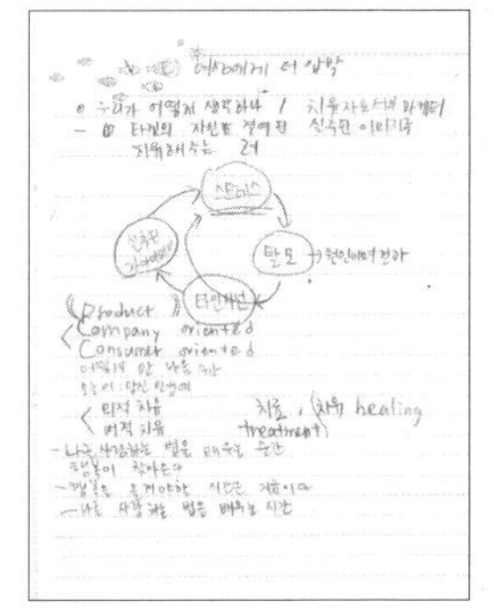

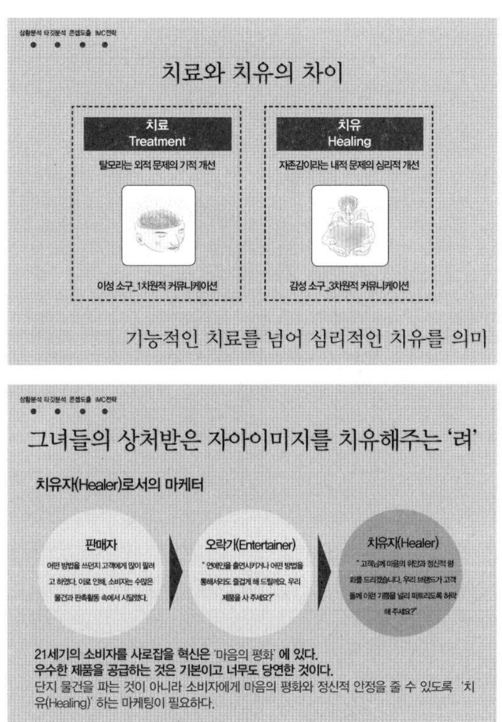


삶은 항상 앞으로만 진행되지만 삶에 대한 이해는 반대방향으로만 가능하다.

키에르 케고르(Kier kegaard)

인디언들은 말을 타고 달리다가도 한번씩 멈춰서 뒤를 돌아보는 관습이 있었다고 한다. 나는 가끔 이 다섯 권 속에 있는 어린 나를 꼼꼼히 손가락으로 한 글자 한 글자 짚어가며 천천히 읽는다.

그렇게 시간과 정성을 들여 그 때의 나로 돌아가본다. 오늘도 광고인으로서의 하루가 지치지 않게 용기를 북돋워준다.

다섯 번째 기획노트도 몇 장 안 남았다. 나의 기록은 늘어날 것이고 미래의 나는 오늘의 나를 다시 읽어보게 될 것이다. 메모가 중요한 이유는 그것이 전부일지 모른다. 이것은 나의 역사이고 또한 시작이기 때문이다.

# 언어는 새로운 세상으로 가는 통로이다

흔히 무언가 아주 높은 경지에 이르고자 할 때 어처구니없이 긴 준비 과정이 필요한 경우를 본다. 전통적으로는 시집살이를 표현할 때 벙어리 3년, 장님 3년, 귀머거리 3년을 버텨야 한다고들 하고, 성룡은 취권을 배우기 위해 오랜 시간 손목 단련만 하다가 지루함을 못 견디고 뛰쳐나가기도 했다.

요즘에는 교육 시스템이 워낙 체계화되어 있지만 옛날에는 광고계에도 이 같은 수련이 있었다고 한다. 특히 카피라이터들은 오랜 시간 잘 쓴 카피를 베껴 쓰는 인내의 시간을 거치는 경우가 많았다고 전해온다.

이 고루하고 숨막히는 행태는 사라졌지만 필사(筆寫)가 가져오는 긍정적인 영향력은 아직도 유효해 보인다. 전처럼 무언의 압력이 없어도 누군가는 지금도 좋은 글을 베껴 쓴다. 그 수려한 언어를 끄집어낸 다른 누군가의 사고와 논리를 훔치고 싶어한다.

앞서 나는 대학 졸업 당시인 스물 다섯 살의 지적 수준이 발현되는 방식을 바꾼 것만으로도 성장한 것처럼 보인다는 사실을 고백했다. 분명 같은 뇌를 가지고도 지금의 내가 그때의 나보다 더 어른스러워 보이는 이유는 내가 사회인의 언어를 사용하고 있기 때문일 것이다.

언어를 바꾼다는 것은 분명 매너를 바꾸는 것 중 가장 큰 부분이다. 읽고 쓰고 말하는 것만 달라져도 완전히 다른 사람처럼 보이니 말이다.

언어를 바꾸는 게 무엇일까 모호하게 느껴질 지도 모른다. 하지만 우리는 인생의 과정 속에서 이미 여러 번 언어를 바꿔왔다. 정확히 말하면 바꾼다기보다 진화가 더 맞는 표현이겠다.

첫 번째 언어의 진화는 세로형이다. 우리는 엄마, 아빠를 부르는 것으로 시작해 태어나면서부터 조금씩 말을 배워왔다. 사춘기 때는 지식 습득과 대인 관계 형성을 통해 이를 빠르게 증폭시켰고 현재는 성인으로서 매우 안정된 수준의 언어를 구사할 줄 안다.

읽고 쓰고 말하고. 내가 얼마나 잘 할 줄 아는데 여기서 더 이상 뭘 어떻게 진화하라는 건지 의문일 것이다. 두 번째 진화가 가로형

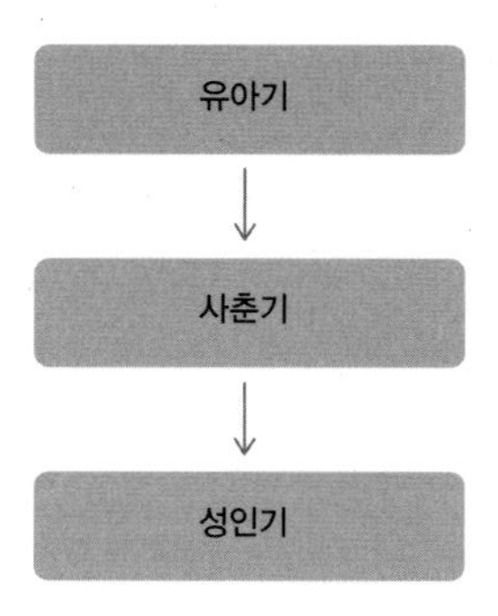


이라는 것을 눈치채기 전까지는 말이다. 성인기의 언어는 다시 아래와 같이 크게 두 가지로 진화할 수 있다.

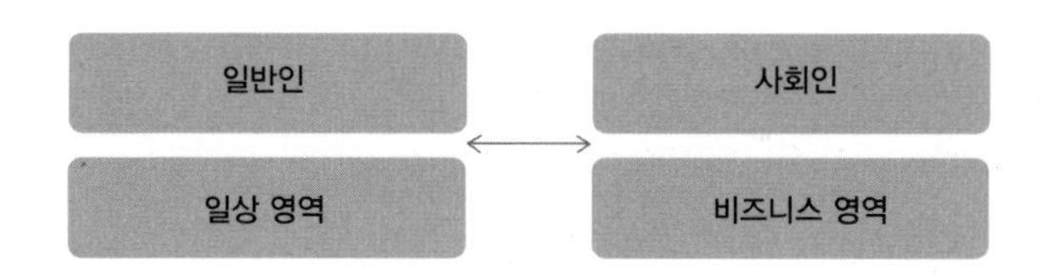


나는 지금 일반인과 사회인이라는 두 가지 언어를 쓸 줄 안다. 이는 서로 겹치는 부분도 있고 완전히 다른 부분도 있다. 나는 마치 2개 국어를 하듯 상황에 따라 자유롭게 두 가지 언어를 넘나들며 친구로서, 가족으로서, 광고인으로서 읽고 쓰고 말한다.

예를 들면 이런 것이다. "이 립스틱이 요즘 제일 잘 나가는 거래."는 내가 일반인으로서 친구에게 쓰는 언어다. 사회인의 언어로는 "이 립스틱은 2014년 3분기 여성 색조 화장품 시장에서 마켓 쉐어

Market share 1위를 차지했다."고 할 수 있겠다. 이는 단순히 비즈니스에 통용되는 단어를 사용해 이야기하라는 뜻이 아니다. 일반인의 언어와 사회인의 언어에는 미묘한 논리와 사고의 차이가 있다. 은근한 분위기와 뉘앙스의 차이가 있다.

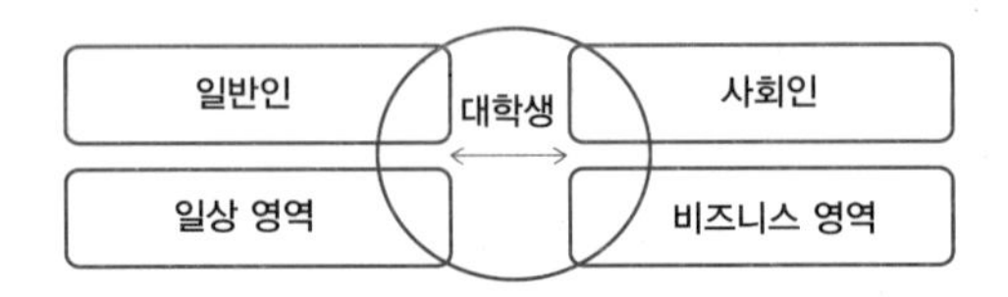


현재 대학생의 언어는 일반인과 사회인의 중간 즈음에 위치한 것 같다. 대학생에서 사회인으로의 성공적인 전환을 위해서는 미리 사회인의 언어를 익혀야 한다. 그 언어의 필터를 통해 생각을 끄집어낼 때 누구나 프로가 될 만한 재목처럼 보일 수 있다.

그렇다면 나는 어떻게 미리 사회인의 언어를 배웠을까? 영어처럼 학원에서 가르쳐주지도 않고 노래처럼 술 한 잔에 저절로 나오지도 않았을 텐데 말이다.

아시다시피 이미 대학 시절 내가 원하는 사회인은 광고인으로 좁혀진 상태였다. 나도 눈치채지 못한 사이 광고를 향해 했던 모든 것들이 광고인의 언어에 조금씩 물들게 한 것 같다. 구체적으로 살펴보면 다음과 같다.

## 1. 읽기

기획을 공부하면서 가지게 된 엉뚱한 취미 중 하나는 TV 광고를 보고 그 뒤에 어떤 전략이 숨어있는 지를 상상해보는 것이었다.

"진짜 피로회복제는 약국에 있습니다."라고 했던 박카스 광고를 떠올려보자. 경쟁 제품인 비타민 음료가 편의점에서 판매하는 것을 겨냥해 약국에서 파는 박카스야말로 진짜 피로회복제라는 것을 알리기 위한 전략적 크리에이티브였다.

"피로는 간 때문이야!"를 외친 차범근, 차두리 부자의 우루사 광고는 어떤가? 현대인의 피로의 원인을 간으로 규정하고 우루사를 그 간 건강을 지키는 대표주자로 포지셔닝시키려는 전략이 숨어 있다.

이처럼 나는 TV 광고를 볼 때 그 뒤에 숨은 기획자들의 의도를 유추해보곤 했는데 그러고 나면 꼭 진짜 그들의 속마음이 뭐였는지 확인하고 싶어졌다. 퀴즈를 풀었으니 정답을 맞추고 싶은 자연스러운 욕망이었을 것이다.

어떻게 알 수 있을까 하다가 우연히 제일기획의 사보를 보게 되었다. 그 시기에 대중의 극찬을 받은 한 성공 캠페인에 대한 리뷰가 있었다. 해당 캠페인을 담당한 AE가 직접 기획 의도와 전략, 크리에이티브, 성과를 요약해서 글로 풀이한 것이었다. 정확히 내가 찾던 퀴즈의 정답이었다.

그 후 나는 국내 여러 광고 회사의 사보를 대학 시절 내내 꾸준히 읽었다. 그들의 언어를 접할 수 있는 가장 쉽고 간편한 방법이었다.

이를 통해 나는 광고인의 언어에 한 발 다가갔다.

## 2. 쓰기

앞서 말했지만 내게는 총 다섯 권의 기획 노트가 있다. 이는 내가 실제 기획을 할 때 여러 종류의 아이데이션을 한 과정의 기록이기도 하지만, 이 기획시를 쓸 때를 대비해 미리 쓸만한 양식(糧食)을 모아둔 일종의 곳간이기도 하다.

디자이너가 예쁜 서체나 아이콘을 보면 자기만의 폴더에 저장해 놓는 것처럼 나는 기획에 도움이 될 만한 소스를 보면 노트에 기록을 해두었다. 활용하기 쉽게 생긴 마케팅 이론이나, 단순하면서도 눈에 띄는 성공 사례 등 여러 가지가 있지만 그 중에서도 가장 많이 쓴 것은 '책을 읽고 그냥 좋았던 부분'이다.

당시 나는 광고에 푹 빠져 있었기 때문에 광고, 마케팅, 기획, 비즈니스 트렌드 관련 서적을 주로 읽었다. 사실 어떤 분야의 책을 읽었다는 설명 자체가 무의미한 이유는 태어나서 책이라는 것을 처음 읽기 시작한 때이기 때문이다.

그래서 아마 더 인상적이었나 보다. 듣도 보도 못한 신비한 용어들과 뇌를 홀리는 듯 유려한 전개, 무엇보다 기승전결의 짜임새가 완벽한 구성이 '재미있다'기 보다는 '멋있게' 느껴졌다. 그때의 나는 '뭐 살다 보니 이런 게 다 있구나' 하며 약간 감탄의 모드로 그것을 대했던 것 같다.

그래서 그 멋있는 것들을 자꾸 적어놓았다. 참 깨알같이 많이도 적었다. 지금 보면 그다지 어디 유용하게 쓰일 만한 큰 한방이 있는 부분도 아닌데, 그 때는 한 자 한 자가 마음에 콕 박히는 기분이었다.

당신이 속한 산업에서 '아직 밝혀지지 않은' 것을 찾아라. [illegible] 실천하라. — [illegible] 때기를 [illegible]
[illegible] 대신, [illegible] 직접 [illegible]
[illegible]. 그럼에도 [illegible]
'왜 안 되는데?'라고 질문하라. '당신이 [illegible]
[illegible] 적당한 [illegible]
[illegible] 두려움이나 [illegible]
[illegible] 때문에 [illegible]

◦ 티핑 포인트 '말콤 글래드웰'
p. [illegible] 작은 것이 큰 변화를 [illegible]
[illegible]
[illegible] 어떤 것일까? [illegible]
[illegible] 어떻게 [illegible]
p.17 아이디어와 제품 [illegible] 메시지와 행동은
바이러스처럼 전파되어 나간다
p.19 티핑 포인트를 보여주는 전염의 3가지 특성
1. 전염되기 쉬운 행동들이 커다란 현상을 불러일으킨다
2. 작은 행동, 작은 변화가 커다란 결과를 초래한다
3. 변화는 [illegible]
p.22 — [illegible]
[illegible]
[illegible]
[illegible] 작은 [illegible]
[illegible]
p.[illegible] [illegible] 1956
'[illegible]'
"Winston tastes good like a cigarette should"

p.154 그런데 만약 시간이 없어서 못 하는 일을 [illegible]
없다면, 나중에 다시 할 수 있는 시간이 생길 것이라고
어떻게 장담하는가?
p.154 사람들에게 [illegible] 준 다음, [illegible]
[illegible] 무엇이든지 할 수 있다면 무슨 일을 하고
싶은지 물어봐라. 사람들이 실패를 두려워하지
않는다면 그들이 시도할 수 있는 [illegible]
[illegible] 무엇일까?
p.154 베스트 바이 (Best Buy, 미국의 전자제품 판매회사)의
CEO 브래드 앤더슨 (Brad Anderson)
"우리는 우리가 팔기 원하는 것 [illegible], 소비자들이
우리가 팔았으면 하고 바라는 걸 팔았어요. 그리고 나서
그걸로 어떻게 하면 돈을 벌 수 있을지 생각해봤죠.
우리가 고객들과 얘기를 나눌 때마다, 고객들은 우리가
[illegible] 가장 어려운 [illegible]. [illegible]
[illegible], [illegible]"
p.156.
'[illegible] 것의 [illegible] 당신이 그렇지 하기
시작하면, 당신의 경쟁자도 똑같은 게임을 할 가능성이
높다는데 있다.
◦ 가격을 낮추는 건 파를 [illegible] 방법 중 가장 [illegible]
방법이다 " 아이디어가 바닥난 마케터나
제품 개발자들의 마지막 [illegible] 도피처다.
p.162. 당신이 [illegible] 싶다면, 그렇게 [illegible]
있는 시기는 당신이 일자리를 찾고 있지 않을 때이다.
[illegible] 직업 안정이 [illegible]
[illegible] 없다

p.80. 사회적인 관계에 있어 [illegible]
이다. [illegible]
[illegible]
[illegible]
이유는 우리가 [illegible]
[illegible]
p.89 — [illegible]
[illegible]
[illegible]
[illegible]
[illegible]
[illegible] 생각하느냐에 [illegible]
p.92. [illegible]
[illegible]
[illegible]
[illegible] 때는 안다"
p.101 어떤 사람이 [illegible]
[illegible]
[illegible] 이다.
p.12[illegible]. [illegible]
[illegible]
[illegible] 역시 [illegible]
[illegible]
[illegible]
[illegible]
p.142 "이런 [illegible]
[illegible]
[illegible]

있는 것을 [illegible] — [illegible]
에서 — 은 [illegible]
"언제 [illegible] 삶을 [illegible] 이해된다"
—— 삶을 [illegible]
[illegible]. 사실상 이런 [illegible]
[illegible]
p.189 [illegible]
[illegible]
[illegible] 사이의 관계 [illegible]."
p.191 어떤 아이디어에 [illegible]
[illegible]
[illegible] 그 아이디어를 [illegible]
이것이 바로 전환이다.
p.196 아이디어의 [illegible] '전환'의 3단계
1단계 [illegible]
2 — [illegible]
3 — 아이디어를 [illegible]
p.212 — [illegible] 〈[illegible]〉은 [illegible]
[illegible]
[illegible]
[illegible] 사람을 [illegible] —
p.225 — 이것은 [illegible] 아니다. 이것은 [illegible]이다.
p.221 — [illegible]
[illegible]
p.249. [illegible]
[illegible]
p.249. [illegible]
[illegible] 있다

앞서 필사의 의미에 대해 이야기했었다. 논리와 사고까지 베끼고 싶은 욕망에 대해서 말이다. 마치 어린 아이가 한글을 처음 배울 때 기역, 니은부터 써 내려가듯 나도 광고인의 언어를 또박또박 받아 적었다. 이렇게 나는 새로운 세계에 한 발 더 가까워졌다.

### 3. 말하기

어떤 언어라도 마찬가지듯 효과적인 말하기 연습을 위해서는 원어민과의 대화만한 것이 없을 것이다. 실질적인 말하기 연습이 중요한 이유는 어느 유명한 광고 카피가 잘 알려준다.

키스를 글로 배웠어요.

실제 경험해보지 않고 텍스트를 통해 상상만 해서는 한계가 있다. 나는 대학 생활 동안 앞서 언급한 팬클럽 활동과 인턴십을 통해 현업에 종사 중인 광고인들을 만났고 그들과의 대화에 심취했다. 다만 그들이 사용하는 고급스러운 단어를 배웠다는 뜻이 아니다.

텍스트로만 보았던 것들이 실제 광고인의 입을 통해 뱉어질 때의 느낌에 더 집중됐다. 그와 같은 언어를 구사할 때의 눈빛과 분위기에 더 빠져들었다. 유연하면서도 탄탄한 철학이 느껴지는, 거기에 각자의 개성까지 묻어 나오는 그런 말하기였다.

그러나 사실 학교 생활을 하면서 프로들을 접할 기회가 흔한 것은 아니다. 다만 읽기와 쓰기, 말하기는 내가 언급한 것처럼 순차적으로 익히는 것이 아니라 거의 동시에 이루어지기 때문에 말하기 상대가 부족하다는 것이 광고인의 언어를 배우는 데 큰 핸디캡이 되지는 않을 것 같다.

나는 광고인의 언어에 물들면서 천천히 광고인에 비스무리해졌다. 비단 어설프게 프로들의 언어를 흉내내면서 프로인 척 눈속임을 하려 했음이 아니다. 그들의 언어로 읽고, 쓰고, 말하면서 사고와 논리 체계 역시 자연스럽게 닮아갈 수 있었을 것이다.

새로운 언어는 곧 새로운 세계로 가는 통로가 된다. 지금부터 건강하고 든든한 〈식스팩〉으로 이 통로를 조금씩 닦아나가 보도록 하자.

**식스팩 Tip**

한국광고총연합회 광고정보센터 사이트에는 매거진 메뉴가 있다. 이 곳에서 국내 유수 광고 회사들의 사보를 한 눈에 볼 수 있다. 실제 현업에 종사하고 있는 광고인들이 쓴 글이 많으므로 여러모로 도움이 된다.

http ://www.ad.co.kr/journal/column/list.do

중요한 점은 다른 사람의 머리로 생각하는 큰 일이 아니라 자기의 머리로 생각하는 작은 일이야.

- 무라카미 하루키, 《스푸트니크의 연인》

CHAPTER 3

# 식스팩으로 보는 스펙

건강한 〈식스팩〉은 취업을 하지 않는다. 직장을 얻고 돈을 벌지 않는다.
다만 인생을 살아갈 뿐이다. 그리고 내 인생을 살아가는데 어떤 능력과 자격이 필요한지는 스스로 판단하고 쟁취해야 한다.

하나

# 학벌 다시 보기

독특한 DNA를 가진 자들에게

정보의 격차를 뛰어 넘는 멀리뛰기

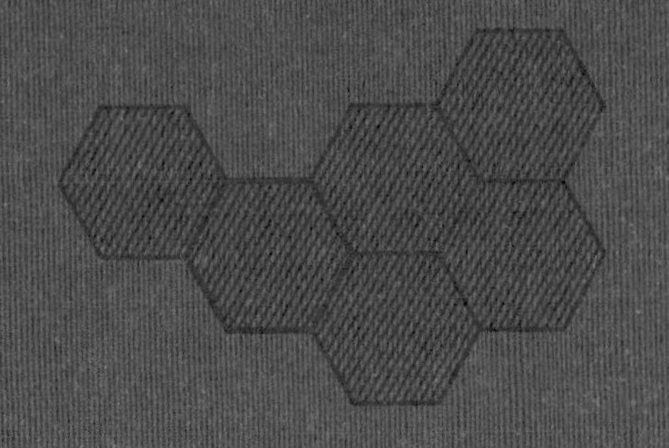

# 독특한 DNA를 가진 자들에게

일단은 오늘도 학교에 간다. 우선은 등록금이라는 것으로 대가를 치르고 어른이 될 준비를 하기에 가장 안락한 환경에 안착했다. 어른이 되고 싶지 않다면 피터팬 놀이를 하며 지내기에도 자유롭고 간섭이 적어 나쁘지 않다.

정확히 나는 피터팬 놀이를 하러 대학에 갔다. 어른이 될 생각은 물론 그 어떤 특별한 생각을 갖지 않았다. 친구들이 다 거기 있어서 학원에 갈 수 밖에 없다는 한 초등학생의 슬픈 말처럼 나도 친구들이 다 대학에 간다길래 그냥 갔다. 뭐 딱히 다른데 갈 데도 없었으니까…….

내 뇌 속에 아무 생각이 없는 걸 뻔히 알면서도 부모님은 비싼 돈을 들여 내가 놀 수 있는 시간과 환경을 사주셨다. 사실 우리 부모님도 달리 어쩌지 못하셔서 그러셨을 것이다.

하지만 나는 정확히 학교를 다닌 지 1년 반 만에 어른이 되고 싶어졌다. 그것도 광고인이라는 꽤 쿨하고 멋있는 어른 말이다. 꿈이 있을 때도 없을 때도 그냥 똑같이 학교를 왔다 갔다 했고, 때가 되어 졸업을 했고, 프로가 되었다.

나의 DNA라는 것이 여러 갈래로 나뉘고 그 생김마저 독특하여 지적인 호기심이 남들보다 조금 늦게 찾아왔을지언정 그게 뭐가 그렇게 대수라고 내 인생에 지장을 주었겠나? 이제는 공부라는걸 해보고 싶다고 생각했을 때 그래 봤자 고작 스물 한 살이었다. 게다가 나는 아주 빨리 꿈을 찾았다는 엄청난 메리트를 갖고 있었다.

어쨌든 나는 지방대를 졸업했다. 좋은 대학을 나왔다면 참 좋았겠지만 특별히 불만도 없다. 나한테 그다지 도움이 되지도 않았겠지만 해를 끼치지도 않았다. 자랑스럽지도 않지만 창피할 것도 없다.

프로가 되기까지 수많은 사람들을 만나고 다양한 사회와 마주했지만 이로 인한 조금의 차별이나 부당한 처사를 당한 일은 없다. 꿈을 향해 나아가는 데 있어 자꾸만 나약해지는 내 자신 말고는 어떤 것도 장애가 되지 않았다.

그러나 사람들은 그래도 뭔가 힘들지 않았는지, 여러 가지로 지장이 있지 않았는지, 혹시 내가 둔감해 차별을 눈치 못 챈 게 아닌지 자꾸만 의심을 한다. 내게서 '독'이나 '악' 같은 전투의 메시지가 아니라 '건강'이나 '마음' 같은 아름다운 말이 나오는 게 안일하고 한가하게 들린다고 했다.

내가 시원하게 학벌 사회를 '깨부수고' 스펙을 '뛰어 넘고' 대기업의 장벽을 '무너뜨리지' 않아서 실망한 사람들이 많은 것 같다. 지방대생은 왜 꼭 그렇게 취업해야만 할까? 나는 평화주의자고 싸움을 좋아하지도 않는데 말이다. 내가 뭘 그렇게 잘못했다고 그렇게 악착같이 피 터지게 해야 한단 말인가?

난 가능한 한 꽤 상식적인 수준의 내 라이프 스타일과 나름 건강한 편이라 믿는 가치관을 유지하면서 해 보고 싶었다. 내 꿈은 내가 꾸어야지 그 꿈이 나의 고유한 개성을 삼키게 하고 싶지는 않았다. "그림을 그리는 게 즐겁지 않다면 그림을 그릴 이유가 없다."고 말한 르누아르Auguste Renoir처럼 광고를 대하는 내 마음도 같았으니 말이다.

또한 이런 마인드가 꿈을 향해 나아가는 데 방해가 될 리 없다는 확신도 있었다. 아무리 뭘 몰라도 중요한 건 '열심히'라는 노력의 강도가 아닌 '어떻게'라는 방법의 적합성이라는 것 정도는 알았기 때문이다.

내 학벌이 나를 힘들게 하지 않았다고 다시 한 번 말해본다. 이 말에 공감 못하는 분들은 아직 제대로 사회에 입문하기 위해 부딪혀 보지도 않았으면서 남의 이야기만 들어온 사람들일 것으로 짐작한다. 그런 의미에서 조금 충격적인 주장을 해보려고 한다. 가난한 학벌로 인한 열등감, 사실 그것은 학습된 것일지도 모른다.

나에게 불안함을 토로하는 많은 후배들의 마지막 말은 꼭 이렇게 끝난다. "그리고 우리는 학벌도 안 좋으니까요." 학벌이 안 좋은 건 맞다. 그래서? 안 좋은 학벌의 의미를 제대로 알아보지도 않은 채 어디서 들은 건 많다. 이 학벌로 사회에 나가면 창피한 꼴을 당할 거라는 지레짐작이 자꾸만 스스로의 기를 죽인다.

하지만 나는 이런 후배들을 잘 안다. 그들은 안 좋은 학벌을 가지고 안 좋은 학교에서 모여 똑같이 안 좋은 학벌 가진 친구끼리 "우린 학벌이 안 좋아"라고 걱정하는 것 외에 다른 경험을 해 본 적이 없다.

물론 내가 운이 너무 좋아 학벌로 사람을 평가하지 않는 좋은 사람들만 만나온 것일 수도 있다. 제대로 상처를 받아본 적이 없어서 아직도 순진하게 '건강한 마인드' 같은 팔자 좋은 타령이나 하는지도 모른다.

하지만 만약 학벌로 인한 상처를 반드시 감수해야 하는 거라 하더라도 얼른 학교를 뛰쳐나와 실제로 상처를 받아보고 굳은살은 만드는 것이 맞지 똑같은 애들끼리 모인 안전한 학교에 숨어서 걱정만 하는 것은 긴 인생을 더 지루하게 만들 뿐이다.

완전한 것이 어디 있을까? 수영을 잘 하기 전에는 수영장에 들어가지 않겠다는 각오라니, 배신이 두려워 친구를 사귀지 않거나 이별이 두려워 사랑을 하지 않겠다는 것과 다를 것이 없었다.

공선옥 외, 《머뭇거리지 말고 시작해》

상처를 받아보기도 전에 상처입을까 겁부터 먹는 것은 스스로를 작아지게 만들 뿐이다. 아무도 너에게 상처주지 않았는데 혼자서 열등감, 자격지심에 빠져 있다가는 좋은 사람들의 호의도 곡해하기 십상이다. 이런 쓸 데 없는 자괴감이야 말로 건강한 〈식스팩〉의 가장 큰 적이다.

사회에 나온 지 4년 째다. 전보다 많은 사람들을 만나고 많은 경험을 하면서 알게 된 것은 사회를 구성하는 무지막지한 다양성이다. 이런 관점에서 본다면 나의 좋지 않은 학벌을 은근히 깔보고 무시한 사람들도 분명 있었을지 모른다.

하지만 그들은 그런 마음을 들키지 않게 스스로 알아서 조심하고 산다. 조금이라도 티를 내는 순간 '요즘 같은 세상에 학벌로 사람을 차별하는 꽉 막히고 비교양적인 사람'으로 낙인찍힐 테니 말이다.

그렇다면 지방대의 핸디캡은 전혀 없다는 것인지 의문이 든다. 나의 경험으로 보자면 차별은 아니되 차이는 있는 것 같다. 어떤 차이인지 좀 더 자세히 알아보자.

# 정보의 격차를 뛰어 넘는 멀리뛰기

SNS 시인으로 유명한 하상욱은 현대 사회 생활에 대해 유머와 위트가 넘치는 통찰을 발휘해 주목을 받았다. 그는 그의 시집 《서울시》를 통해 주말이 짧게 느껴지는 이유를 과학적으로 밝히기도 했다.

주말이 짧게 느껴지는 과학적 근거

평일 : 월화수목금

주말 : 토일

실제로 짧다.

하상욱, 《서울시 1》

조금만 생각해보면 '아하!' 하고 무릎을 탁 칠 정도로 명쾌하다. 혹시 지방대생이 취업에 더 많이 좌절한다는 것도 비슷한 이유가 아닐까? 우리 나라에는 명문대보다 지방대가 더 많지 않은가?

명문대는 고작 넓게 봐야 손에 꼽을 정도지만 그 외에도 셀 수 없이 많은 학교들이 매년 졸업생을 배출하고 있다. 이들이 취업에 좌절한 이유는 정말 학벌 때문이었을까?

솔직히 말하면 나는 그 지방대조차 제대로 다니지 않았다. 학사 경고도 두 번이나 받았고 학점도 3점 초반이며 이수 학점도 모자라 9학기까지 다니고서야 겨우 졸업할 수 있었다.

앞서 말했듯 나는 스물 한 살 때 이미 꿈을 찾았다. 그 이후 쉬지 않고 달렸는데 어째서 내 학교 생활은 저 지경이었을까?

배는 항구에 있어야 가장 안전하지만 그것이 배의 존재 이유는 아니다.

호주 속담

나는 학교 밖이 궁금했다. 그래서 자꾸 밖으로 나돌다 보니 상대적으로 학교 생활에는 소홀해졌다. 나는 안팎을 고루 챙길 수 있을 만큼 영민한 학생은 못 되었다. 식성 뿐 아니라 인생 전반에 걸쳐 편식이 심했다. 좋아하는 수업, 과목, 교수님, 친구가 관련된 것이 아니면 학교 일에는 그다지 관심을 두지 않았다.

그렇다면 그 학교 밖이라는 건 어떤 곳이었을까? 나는 공모전과 대외 활동을 하면서 훗날 나의 경쟁자이자 동료가 될 가능성이 높은 예비 광고인들을 많이 만났다.

다양한 학교 출신의 친구들을 접하고 각자의 재능을 가늠해보는 경험을 통해 간접적으로 내가 나갈 사회를 미리 알게 되었다. 그리고 그 과정에서 학벌로 인한 차이가 어떤 것인지 느낄 수 있었다.

우선 그들은 성공적으로 사회에 진출한 선배들을 가지고 있었다. 각자가 원하는 꿈의 기업에서 이미 기반을 닦고 있는 많은 선배들을 통해 그들의 보석같은 경험을 날 것 그대로 들을 수 있었다. 선배들을 통해 책이나 초록 검색창에는 나오지 않는 노하우를 다소 손쉽게 얻어냈다.

또한 꿈을 가꾸는데 도움이 되는 다양한 활동들이 서울에 몰려있어 있어 접근이 쉬웠다. 쉴 틈 없이 열리는 좋은 강연과 세미나를 접할 수 있는 기회가 많았다. 지방에는 상대적으로 문화 혜택이 적은 것과 같은 이치였다.

마찬가지로 서울에는 많은 학교들이 서로 지척에 밀집돼 있어 그들끼리의 네트워킹도 쉬웠다. 내가 학교를 다닌 춘천에는 한림대와 강원대 둘 뿐이었다. 내가 일찍이 단 1년 만에 학교에서 노는 게 지겨워진 이유이기도 하다.

다른 학교와의 네트워킹이 중요한 이유는 단지 다양한 친구들을 많이 만날 수 있기 때문이 아니라 그것이 훗날 경험하게 될 사회 생활의 모습과 닮아있기 때문이었다. 그들은 서로 미리 부딪혀보며 경쟁력을 기르는 연습을 하고 있었다.

나는 이 같은 차이를 눈으로 보고 깨달으면서 결국 서울에 있는 명문대와 지방대 사이에는 물리적 거리만큼이나 '정보의 격차'가 존재한다는 것을 알게 되었다. 그리고 이 정보의 격차를 제대로 알고 줄여나가면 승산이 있겠다는 생각이 들었다.

그것 외에는 그들이나 나나 별로 다른 점은 없었다. 결과를 장담하지 못한 채 과정이라는 것을 지나오며 생기는 불안함과 나약함에서는 어느 누구도 자유롭지 못했다. 이런 공통점으로 서로의 다름을 인식하기도 전에 우리는 이미 친구가 되어있었다.

명문대 간판만 가지고 안전한 미래가 보장되는 시절은 이미 지났다는 것을 그들 스스로도 잘 알고 있었다. 그들은 자신의 가치를 유지하기 위해 누구보다 열심히 했다. 좋은 학교 다니는 애들은 걱정이 없겠다는 생각은 아무 것도 모르는 지방대생들만의 착각이었다.

학벌 때문에 안 된다고 탓하는 문제는 바로 이 '정보의 격차'를 인식하지 못함에서 비롯된다. 사실 학벌로 인해 좌절했다고 말하는 사람들을 보면 학교에서 나름 좋은 성적을 내며 인정받았던 경우가 많다.

늘 모범생 칭호를 받고 너 정도면 좋은 곳에 들어갈 거라는 말만 믿다가 뒤통수를 맞는다. 이런 친구들이 취업에 좌절하는 경우 그 상심은 더욱 크다. 학벌만 빼고 다 괜찮은데 안 되니까 화살이 학벌로 돌아간다.

물론 그게 맞을 수도 있다. 입사에 좌절하는 모든 케이스의 원인을 한 가지로 일반화 시킬 수는 없다. 그러니 마찬가지로 학벌 탓이 아닐 수도 있다는 가능성도 열어야 하지 않겠는가 생각한다.

명문대생들은 취업 준비를 어떻게 하는지, 그들과의 싸움에서 경쟁력을 가지려면 어떻게 해야 하는지도 모르고 학교만 열심히 다녔다가는 뒤처질 수 밖에 없다.

그들의 준비 방법이 무조건 옳다는 것도 아니다. 적어도 그들이 뭘 하는지 정도는 알고 있어야 반면교사로 삼든 차별화 방법을 찾든 링 위에서 만났을 때 덜 당황할 것 아닌가?

나는 우리가 뛰어넘어야 할 것은 학벌이 아니라 그들과의 거리라고 생각한다. 이 격차를 좁힐 수 있다면 아무리 학벌이 소박해도 그들과 대등한 수준으로 맞붙을 수 있다. 오늘부터 건강한 〈식스팩〉으로 멀리뛰기부터 연습해 보자.

# 꿈을 위한 전략적 사고 체크리스트

**1. 부정**

현재의 이 방법이 반드시 정답은 아닙니다. 다른 방법은 없습니까?

**2. 미래**

1년 후, 5년 후, 10년 후에 나는 얼마나 더 멋진 사람이 될 수 있을까요?

**3. 진화**

반드시 현재보다 더 좋은 새로운 방법이 있고, 누군가는 이미 그것을 시도하고 있습니다. 그것은 무엇일까요?

**4. 고집**

지금 당장 성과가 눈에 보이지 않는다고 해도 끝까지 계속할 것입니다. 반드시 빛을 볼 날이 올 것입니다.

**5. 창의**

내가 꿈꾸는 새로운 세상은 반드시 만들 수 있습니다. 최초의 어떤 것에 도전하겠습니다.

둘

# 공모전 다시 보기

승률이 어떻게 되세요?

상장은 나를 말해주지 않는다

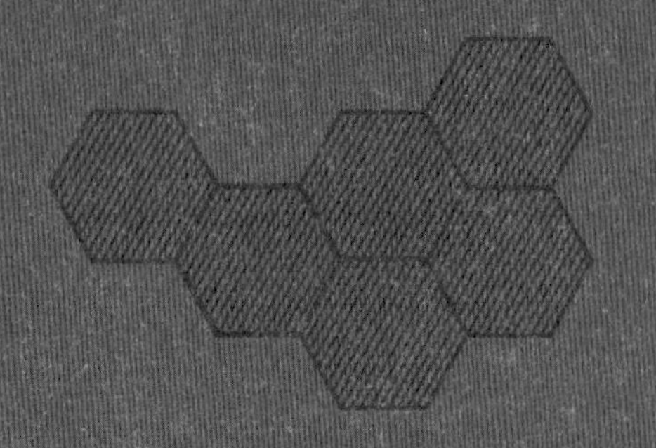

# 승률이
# 어떻게 되세요?

나에 대해 설명할라 치면 〈제일기획 광고대상〉 출신이라는 타이틀을 빼놓을 수가 없다. 신입사원 시절 나를 소개하는 가장 쉽고 편한 단어가 '작년에 공모전 대상 받은 애'이기도 했으니 말이다.

나는 우리 회사 공모전에서 상을 받은 뒤로 인턴 사원 기회를 잡았고 결국은 프로가 되었다. 수상이 아니었으면 나라는 사람을 선보일 기회를 얻기가 힘들었을지도 모른다.

여러모로 나에게 큰 도움이 된 기특한 성과임에는 틀림없지만 자칫 예비 광고인들에게 공모전 수상만으로 입사할 수 있다는 인상을 심어줄까 염려되기도 한다.

광고의 매력에 빠져든 후 나는 꾸준히 공모전에 지원했다. 내가 특별히 관심을 가진 분야는 기획이었는데 사실 기획서 쓰는 법은 어디에서도 가르쳐주는 데가 없었다. 광고홍보를 전공하고 있었지만 수업도 주로 이론 위주였다.

나는 혼자서 무작정 기획서를 써 보았다. 공모전은 각 기업별로 현 상황에 닥친 실제 마케팅 과제를 공모 주제로 내는 경우가 많았기 때문에 꾸준한 기획서 작성 연습을 하는데 도움이 되었다.

공모전은 여러모로 나의 성격과도 잘 맞았다. 우선 지원 방법이 간편했다. 지방에 있든 외국에 있든 편리하게 인터넷으로 작품을 전송하면 그만이었다. 복잡한 지원 서류나 참가 비용도 없었고 개인 정보도 최소한으로 요구했다. 모든걸 다 컴퓨터 앞에 앉아 해결할 수 있으니 딱히 지독한 귀차니즘이 발생할 일도 없었다.

또한 공모전 지원에 관련되는 모든 것을 내가 스스로 선택할 수 있었다. 하고 싶은 것만 하고 하기 싫은 건 죽어도 못 하는 나의 고집은 당시의 미성숙함에 나온 것이 아니라 그냥 성격인 것 같다.

왜냐면 지금도 그 지경이기 때문이다. 공모전에 지원을 하고 말고도 나의 의지로 택할 수 있고 어떤 공모전에 나갈 것인지도 스스로 정할 수 있어서 좋았다.

난 그저 즐기면서 되는대로 해 볼 생각이었다. 나는……
음, 이걸 어찌 말해야 할지…… 어쩌면 조금은 덜 헌신적이었다.
왜 확실하지도 않은 것에 목을 매야 한단 말인가?
나는 다이빙을 하기 전에 물의 깊이를 알아보고 싶었다.
바로 뛰어들어 연못 바닥에 머리를 들이받고 싶지는 않았다.

카일 맥도널드, 《빨간 클립 한 개》

빨간색 클립 한 개로 물물교환을 시작해 1년 만에 집 한 채를 갖게 된 캐나다 청년 카일 맥도널드Kyle McDonald의 이야기다. 공모전을 대하는 나의 자세도 그랬다. 아무리 광고가 좋아도 되지도 않을 짝사랑을 하고 싶지는 않았다. 공모전은 아무 책임이나 의무를 갖지 않고도 자유롭게 나를 재능을 가늠해 볼 수 있는 좋은 기회였다.

공모전을 함에 있어 어떤 것도 나에게 손해되는 일이 없었다. 결과와는 상관 없이 기획서를 10번 쓰면 10번 만큼, 20번 쓰면 20번 만큼 할 때마다 새로운 것을 배우고 깨달을 수 있었다.

가장 끌렸던 점은 경합이라는 방식에 있었다. 학교 다닐 거 다니고 내 하고 싶은 거 다 하면서 전국에 있는 광고 지망생들과 겨뤄보기에 공모전만큼 쉬운 방법은 없었다. 또한 결과가 명확하고 보상이 확실한 점이 묘하게 승부욕을 자극했다. 이는 지속적으로 기획서를 쓸 수 있는 동기 부여가 되기에 충분했다.

인스턴트처럼 즉각적이고 빠른 패턴의 자극이 아니면 금방 지루함을 느꼈던 어린 나의 인내심을 시험하는 일도 없었다. 공모전의 모든 절차는 꽤 신속하고 정확해서 여러 모로 나와 잘 맞았다.

그렇게 광고 공모전이라는 새로운 세계에 입문하고 광고를 좋아하는 다양한 출신의 친구들이 모인 대외활동도 하다 보니 자연스럽게 광고인 지망생들을 많이 만나게 되었다. 이들은 훗날 나의 경쟁자이자 동료가 될 가능성이 높아 보였다. 그리고 그들 중에도 소위 잘 나가는 애들은 따로 있었다.

공모전이 무엇인가? 말 그대로 공개 공모다. 모집과 수상이 공개적으로 이루어진다. 기획 공모전 중에는 서류 심사 후 공개 경쟁 프레젠테이션을 진행하는 경우도 많았다. 공모전의 이런 특성으로 예비 광고인들의 주니어 리그가 활성화됐고 여기서 좀 한다 하는 애들은 금방 유명세를 타게 되었다.

이런 주니어 리그에서 다양한 활동을 하면서 예비 광고인들을 접하던 어느 날 딱 봐도 머리 위에 주렁주렁 상장을 이고 있어 고개가 뻣뻣한 누군가를 마주하게 되었다. 그의 첫마디를 아직도 잊지 못한다.

"전지혜씨는 승률이 어떻게 되세요?"

나는 무슨 말인지 몰라서 "네?" 하고 되물었다. "지금까지 몇 승 몇 패 하셨냐구요?" 그는 또박또박 다시 말해주었지만 나는 여전히 무슨 말인지 이해가 안 갔다.

"저는 한 50% 정도 되는데 이 정도면 나쁘지 않죠?"

고백하자면 나도 왕년에 이 주니어 리그에서 나름 인지도가 있었다. 당시 저런 질문을 받은 이유이기도 할 것이다. 하지만 그 질문은 도저히 대답할 가치가 있는 것 같지 않았다. 내가 알려진 것만큼 상을 많이 못 받기도 했고 생각해보니 승률도 더 낮다는 게 창피하거나 자존심이 상해서가 아니었다.

내가 상장남을 처음 보았을 때 그보다 그 사람 머리 위에 켜켜이 쌓인 상장이 먼저 보였다. 그는 상을 받은 사람이 아니라 상장을 이고 다니는 사람이었다. 상장 팔러 온 사람마냥 주구장창 상 얘기만 해댔다. 빨리 하나 사주고 보내고 싶을 만큼 지루했다.

그와의 대화를 통해 나는 그가 상을 아주 많이 받았다는 것만 알았을 뿐 그가 이런 상을 휩쓸 정도의 사람인지는 알 수 없었다. 조심스럽게 추측해 보건대 그는 이후 꿈의 기업의 면접장에 가서도 이런 태도를 보였을지 모른다.

나의 대학 시절 언젠가부터 불어온 공모전 열풍의 폐해로 그것을 건강하게 활용할 줄 모르는 상장남과 같은 불치병 환자들이 대량으로 속출했다.

내가 왜 공모전에 참가하는지 그것이 나에게 어떤 의미인지에 대한 건강한 마인드 없이 무조건 수상 내역 한 줄 더 쓰겠다는 맹목적인 추종이 불러온 참담한 결과였다. 그리고 아직도 그 상장 바이러스는 열병처럼 퍼져나가는 것 같다.

상장을 이고 있는 자신의 모습이 얼마나 불안하고 위태로운지, 언젠가 그 무분별하게 쌓은 상장이 와르르 무너져 내릴까 내 곁에 친구들이 오지 않는 것도 모르고 또 공모전을 파고 있을 것이다.

공모전이나 자격증은 내가 진출하고자 하는 분야와 직접적으로 관계가 있기 때문에 마치 이것에 대한 성과가 현업으로 직결되는 것처럼 오인할 수 있다. 하지만 아무리 주니어 리그에서 잘나가는 친구들이라도 그건 그냥 말 그대로 주니어 리그일 뿐이다.

너는 우리끼리만 아는 스타일 뿐 프로들은 그런 세계를 알지도 못하고 관심도 없다. 프리미어 리그Premier League에서 뛰는 선수들이 동네 조기 축구회 주장이 누군지 알 턱이 없지 않겠는가? 지금부터 제대로 정신 차리고 상장 바이러스를 쫓아내보자.

# 상장은 나를 말해주지 않는다

상장 바이러스 이야기를 이어간다. 나도 상장남과 똑같이 공모전에서 성과를 내고 나름 잘 나가고 있었다. 그런데 어떻게 이 무시무시한 병에 걸리지 않고 건강한 마인드를 유지할 수 있었을까 되짚어 본다.

우선 나는 그렇게 상을 많이 받지 않았다. 인지도가 높아 경쟁률이 역시 높았던 한 브랜드의 공모전에 혼자 참가해 대상을 받은 후 괜한 거품이 생긴 것도 사실이다.

두 번째로 내가 상장 같은걸 이고 다니지 않아도 어차피 사람들이 내가 상 받았다는 걸 다 알게 된다는 단순한 법칙을 이해하고 있었다. 신입사원 때 나를 이야기하는 가장 흔한 단어가 '작년에 대상 받은 애'였던 것처럼 이런 이슈들은 너무나 간단하고 명확하기 때문에 자연스럽게 사람들 사이에 회자된다. 그리고 축하의 메시지와 더불어 어떻게 준비했는지, 어떤 아이디어였는지, 다음엔 무슨 공모전을 할 건지 나보다 그들이 먼저 궁금해 말을 꺼낸다. 모두가 나의 성과를 알아주는데 내가 굳이 자랑 같은 걸 할 이유가 없다.

무엇보다 나의 건강한 마인드를 가능하게 한 결정적인 이유는 바로 내가 나이기 때문이다. 즉 사람들은 내가 상을 받았다는 결과만 놓고 얘기하지만 나는 내가 어떤 작품으로 상을 받았고 그 작품의 가치가 얼마만큼인지 정확히 알고 있다.

그래서 상을 받아도 스스로 만족하지 못할 때도 있고 상은 못 받았지만 좋은 작품이었다 자부할 때도 있었다. 그 이유는 나의 수상 내역을 자세히 들여다 보면 알 수 있다.

나는 공모전에서 총 여섯 번의 수상을 했다. 잘 모르고 보면 여섯 개다 꽤 그럴듯하고 있어 보인다. 그러나 실상은 보이는 것과 좀 다를 수도 있다.

나는 〈제1회 피자헛 대학생 마케팅 공모전〉에서 특별상을 받았는데 당시 이 상의 수상자는 무려 100명이나 되었다. 부상은 새로 출시한 피자의 무료 쿠폰이었다. 더 설명이 필요한가?

그 후 〈제1회 환경부 대학생 환경캠페인 콘테스트〉에서도 금상을 받았다. 이는 환경부와 이 프로젝트를 위해 협력한 다섯 개 대학 재학생들만 참가할 수 있는 대회였다. 심지어 각 학교에서 1차로 선발

된 10팀만 공개 경쟁 프레젠테이션을 했는데 여러모로 소박했던 기억이 난다.

〈제8회 전국 대학생 비즈니스 프레젠테이션 경진대회〉에서 은상을 받은 적도 있다. 내가 대외활동을 하면서 친해진 언니가 기획서는 다 준비됐으니 PT만 해달라고 하여 공개 프레젠테이션만 두 번 하고 수상자 명단에 이름을 올렸다.

PT 전 날 언니에게 기획서를 넘겨받아 고민 없이 스크립트를 쓰고 다음 날 아침 무대에 올라가 영혼 없이 줄줄 읊었다. PT를 준비하는 것보다 어울리지도 않는 화장을 하고 어른스레 차려 입는 데 더 오랜 시간을 쏟았다. 나는 이 상을 같이 수상할만한 자격이 있었을까?

이제와 새삼 자랑거리도 못 되는 것을 이렇게 적나라하게 늘어놓은 이유는 공모전 수상내역의 허와 실을 밝히고 누구보다 이런 사정을 잘 알면서도 상장 개수 하나 더 늘리려고 발버둥치는 상장 바이러스 환자들에게 일침을 놓고 싶어서이다.

어떤 이유에선지 모르겠지만 내가 대학교에 재학 중이던 2006년에서 2010년 사이 광고, 마케팅 공모전의 수는 폭발적으로 증가했다. 심사 기관 및 그 기준과 절차가 모호한 정체불명의 공모전들이 많이 생겼고 자연스럽게 그런 상도 많이 늘었다.

문제는 그런 상이든 뭐든 하나라도 더 받으면 좋다고 생각하는 환자들까지 늘어나게 된 것이다.

모든 수상 결과가 반드시 나의 역량을 올바르게 반영하는 것은 아니다. 공모전은 그 결과물의 특성상 어쩔 수 없이 주관적인 기준에 따라 평가되다 보니 어떤 때는 좀 못해도 상을 받기도 하고 어떤 때는 정말 잘해도 못 받기도 한다. 그리고 상장 바이러스를 앓고 있는 소위 공모전 헌터들은 누구보다 이를 잘 알고 있는 사람들이다. 알면서도 그것을 교묘히 이용하려는 꼼수를 부린다.

다른 사람들은 "야 전지혜 또 상 받았대."라고만 이야기한다. 그들은 내가 상을 받았다는 것 밖에 모르니 말이다. 하지만 나는 그 수상의 가치를 정확히 안다. 남들이 잘 모르는 채 나를 치켜세워 준다고 나 스스로를 속일 수는 없다.

사실은 아무 것도 아니면서 있는 척 하고 다니다가는 나중에 창피해지기 십상이다. 수상 여부에 좌지우지되지 말아야 하는 이유다. 그리고 이것은 겸손하게 살아야 한다는 전래동화에 나올법한 교훈이 아니라 껍데기에 정신 팔지 말고 제대로 실력이나 갖추라는 독설에 가깝다.

자신에게 도전하는 것 이외의 도전은 아무 것도 아니다.

칼 라거펠트

그렇다면 나는 상에 집착하지 않으면서 공모전을 어떻게 잘 활용했을까? 나는 공모전을 하지 않았다. 단지 기획 연습을 했다. 그리고 기획서를 처음 썼을 때보다 두 번째 썼을 때 더 잘하고 싶었고 세 번째 썼을 때는 그거보다 더 잘하고 싶었다.

내가 한 번 더 노력할수록 기획서의 퀄리티는 높아졌다. 상을 받지 못해도 실망하지 않고 스스로 동기부여를 할 수 있었던 이유다.

나는 피자헛 공모전에서 상을 두 번 받았는데 첫 번째는 100명이나 받는 특별상이었고 두 번째는 단 한 명만 받을 수 있는 대상이었다. 대상을 받았을 때 특히 더 기뻤던 이유는 1년 동안 나 자신이 올바른 방향으로 성장해 왔다는 것을 확인할 수 있어서였다. 이처럼 자기 자신의 역량을 점검하는 척도로서 참고만 한다면 공모전의 긍정적인 기능은 많다.

내가 〈제일기획 광고대상〉에서 대상을 받았을 때 사람들은 '그거 받으면 바보 아닌 이상 제일기획 간다더라'고 나의 입사를 확실시 했다. 하지만 나는 많이 고민하고 신경 썼다. 상이 나를 가릴 까봐 그래서 프로들이 나를 궁금해 하지 않을까봐 걱정했다.

매일 내가 나도 모르게 머리 위에 상장을 올려놓지 않았는지 점검했다. 그러나 상을 든든하게 발 밑에 깔고 일어선 순간 자신감이 생겼다.

내가 어째서 이 상을 받을만한 애이고 그걸 바탕으로 앞으로 더 큰 일을 할 수 있는 가능성이 있는지를 보여주려고 노력했다. 그리고 마침내 프로들은 내 건강한 마인드의 가치를 알아봐 주었다.

이처럼 공모전이나 자격증은 자신의 역량을 키우기 위한 도구로서 건강하게 활용될 때 제대로 힘을 발휘할 수 있다. 아무리 전문 분야에 관계된 것이라 하더라도 목적 없이 무분별하게 좇게 되면 다른 스펙과 마찬가지로 숫자에 불과하게 된다.

앞서 학벌이나 어학 점수라는 스펙도 내가 주인으로서 그것을 제대로 컨트롤할 수 있을 때만 의미가 있다고 했는데 공모전도 이와 다르지 않다. 마치 공모전이나 자격증만이 진짜 실력을 나타내는 척도인 양 착각해서는 안 된다. 알량한 성취감에 물들어 건강한 마인드를 잃으면 모든 걸 잃게 된다.

꽤 오랜 시간이 흐른 지금 추억 속 상장남의 질문에 답을 하려 낡은 기록을 뒤져보았다. 12번 참가해 6번 상을 받았으니 내 승률도 50% 정도 되는 것 같다. 아닌가? 이력서에는 대상 두 개 밖에 안 썼으니 10% 대로 떨어지는 건가?

나는 그에게 승률에서는 졌지만 마인드에서는 이겼다. 그리고 어렴풋이 생각한다. 마인드에서 이기는 게 인생에서 이기는 것이 아닐까 하고 말이다.

# 광고 마케팅 공모전 기획서 출품 체크리스트

## 1. 착상력

- 클라이언트의 핵심 고민을 간파했습니까?
- 아이디어가 그 고민에 부합합니까?

## 2. 논리력

- 배경과 아이디어가 자연스럽게 연결됩니까?
- 논리를 뒷받침할 수 있는 근거가 타당합니까?

## 3. 표현력

- 표현과 핵심 아이디어가 맥락상 일치합니까?
- 독창적이고 시선을 사로잡을 수 있습니까?

셋

# 영어 다시 보기

스펙 3종 세트 더하기 빼기

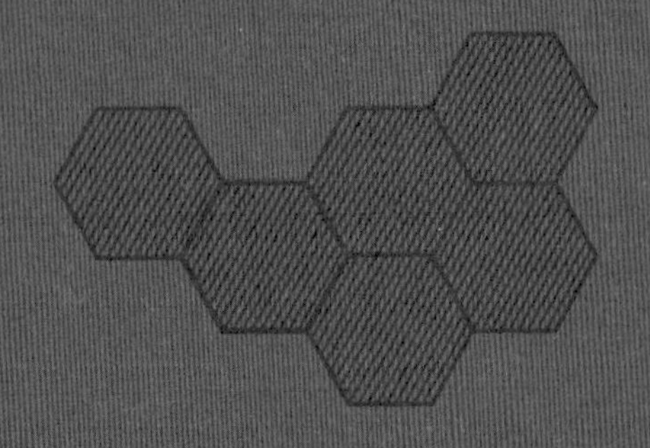

# 스펙 3종 세트
# 더하기 빼기

어쨌든 우리가 스펙을 염두하지 않을 수 없는 이유는 입사 지원시 요구되는 일정한 자격요건이 있기 때문이다. 보통은 4년제 대학 졸업장, 3.0 이상의 학점, 중상 수준의 어학 점수가 기본 3종 세트다.

그런데 성공적인 취업 스토리들을 듣다 보면 유독 이 3종 세트 중 영어 성적 없이 입사했다는 사례가 많다. 내가 무척 자랑스러워하는 대학 선배 한 분은 세계적인 광고제에서 상을 받고 뛰어난 크리에이티브 능력를 인정받아 영어 점수 없이 광고 회사에 입사했다. 그는 지금 내가 다니고 있는 제일기획의 선배 프로이기도 하다.

또 내가 무척 좋아하는 다른 선배 한 분은 신춘문예에 당선되고

문학적 소질을 인정받아 영어 점수 없이 외국계 광고 회사에 입사했다. 미국인 사장과의 최종 면접도 문제 없었다는 후문이다.

이 선배들은 수년간 업계에서 뛰어난 퍼포먼스를 발휘하며 자신을 뽑아준 회사의 선택이 탁월했다는 것을 몸소 증명해오고 있다.

이처럼 그에 합당한 능력을 가졌다고 판단될 경우 기본 3종 세트를 반드시 갖추지 않아도 취업은 할 수 있다. 그러나 앞서 내가 공모전을 이야기함에 있어 마치 공모전 성과만으로 입사할 수 있는 듯 보여질 것에 대해 우려한 것처럼 선배들의 사례를 통해서도 잘못된 시각을 가질까 염려가 된다.

그 잘못된 시각은 바로 하나의 뛰어난 스펙으로 모자란 스펙을 채울 수 있다는 것이다. 공모전 성과로 부족한 영어 점수를 만회하거나 반대로 뛰어난 영어 점수로 학벌의 가난함을 상쇄할 수 있다고 생각하는 것은 스펙에 대한 잘못된 접근이다.

스펙은 더하기 빼기가 아니다. 그렇게 덧셈 뺄셈을 하는 거라면 모든 3종 세트가 다 플러스인 애들을 합으로 어떻게 이길 건가?

개인의 재능과 역량을 가늠하는 데 있어 그런 계산법은 존재하지 않는다. 전체적으로 보았을 때 입사해 업무를 수행하는 데 적합하다고 판단되었던 것일 뿐 각각의 스펙은 딱 그만큼의 스펙일 뿐이다.

그럼에도 불구하고 오늘도 영어 점수 없이 꿈의 기업을 노리는 많은 취업 준비생들이 있다. 그리고 이런 요행은 유독 학벌이 초라한

자들이 바란다.

그도 그럴 것이 이들이 수능 외국어 영역을 치렀을 때와 동일한 실력으로 토익 점수를 낸다면 꿈의 기업이 원하는 수준과의 간극은 꽤 클 것이다. 게다가 이들 중 대부분은 공부를 하는 방법적 노하우가 부족하기 때문에 단기간에 영어 점수를 올리는 데 어려움을 겪을 수 밖에 없다.

그래서 3종 세트를 모두 갖추지 않은 사례들을 통해 사실 프로의 업무를 수행하는 데 있어 어학 점수는 별로 필요 없는데 요구하는 것이라 오인하기도 한다. 또한 이는 스펙 사회에 대한 증오로까지 이어진다.

정확히 말해 나는 영어 점수는 정확히 제일기획 커트라인에 턱걸이 했다. 그리고 지금 5년 째 프로로서 업무를 수행하며 영어를 쓸 일은 없다.

나는 국내부문에 소속돼 우리 나라 브랜드를 클라이언트로 맡고 있다. 영어는 한 마디도 안 한다. 어떻게 하면 한국말로 좀 더 명확히 커뮤니케이션 할 수 있을 지가 더 고민이다.

그럼 어쨌든 나처럼 국내 업무를 지향하는 사람에게는 영어가 필요 없는 스펙이 맞다고 증명된 걸까? 중요한 것은 이를 바라보는 관점에 있다.

영어 공부든 뭐든 취업에 필요있으면 하고 없으면 안 해도 된다는 수동적인 의식이야 말로 스펙에 지배되는 전형적인 모습이다. 스펙으로 평가하는 사회를 탓하면서 실은 자신이 더 스펙에 얽매이고 있는 것이다.

이는 또한 취업만 하면 뭐든 다 해결된다는 식의 근시안적 사고이다. 영어 점수야 있어도 없어도 취직할 수 있고 다른 스펙도 마찬가지다. 그러나 취직만 잘하면 인생이 다 끝나는가? 영어점수 없이 취직했으면 앞으로도 평생 안 해도 되는가?

프로들은 입사 후에도 정기적으로 어학 능력 테스트를 받고, 이는 자기 자신의 역량을 나타내는 척도로서 기능한다. 어차피 해야 될 거 지금 하라는 뜻이 아니다. 앞으로의 인생을 어떻게 살아가고 싶다는 장기적 관점에서 스펙을 바라볼 필요가 있다.

소설가 황석영은 지난 2003년 환갑을 맞아 영어 공부를 시작했다. 자신의 작품을 스스로 번역해 보고 싶다는 꿈이 생기면서부터였다. '자기 문학을 스스로 세계인에게 설명하고 소통할 수 있어야 한다'는 원대한 포부가 늦은 나이에 그를 영어 공부에 매진하게 했다.

그가 《삼포 가는 길》이라는 걸출한 대표작을 내고 국민 소설가 반열에 오르는 동안 영어를 못한다는 것은 어떤 핸디캡도 되지 않았다. 그러나 그는 영어를 통해 문학인으로서의 자신의 가치를 높이기 위해 스스로 노력하고 있다.

어느 자동차 광고의 카피처럼 말하고 싶다. 영어는 이렇게 쓰는 겁니다. 스펙은 원래 이렇게 쓰는 겁니다.

건강한 〈식스팩〉은 취업을 하지 않는다. 직장을 얻고 돈을 벌지 않는다. 다만 인생을 살아갈 뿐이다. 그리고 내 인생을 살아가는데 어떤 능력과 자격이 필요한지는 스스로 판단하고 쟁취해야 한다. 이런 관점으로 우리를 둘러싼 스펙을 다시 바라볼 때 우리의 취업도 인생도 건강해질 수 있을 것이다.

믿고 첫 걸음을 내디뎌라. 계단의 처음과 끝을
다 보려고 하지 마라. 그냥 발을 내디뎌라.

- 마틴 루터 킹 주니어

CHAPTER 4

# 식스팩을 위한 준비운동

지금도 수많은 꿈의 싹이 당신을 감싸고 있고, 그 중 하나는 당신의 생에 운명처럼 특별한 존재로 다가올 것이다. 처음에 그것은 작은 불꽃처럼 연약할 수도 있다. 건강한 〈식스팩〉으로 그 싹을 놓치지 말고 꼭 붙들 준비를 하자.

# 꿈은 어떻게 해서든 만나게 된다

이 책을 읽는 내내 왠지 모를 답답함을 느끼는 친구들이 있을 것이다. 건강한 〈식스팩〉을 만들어가는 데 가장 기본적인 원동력이 되는 '꿈'이 흐릿한 사람일 것이다. 꿈이라는 게 참으로 양면적이어서 그것을 가진 사람에게는 커다란 힘이 되지만 찾는 사람에게는 풀기 힘든 수수께끼처럼 아득하다. 하지만 그렇기에 손에 쥐었을 때 더 값지게 느껴지는 것이 아닌지 생각해 본다. 지금부터 이 꿈에 대한 몇 가지 〈식스팩〉의 관점을 꺼내놓으려 한다.

여기 내가 좋아하는 영화배우 하정우가 있다. 그는 미친 연기력과 더불어 먹방(먹는 방송의 줄임말)의 아이콘으로 대중적인 인기를 한 몸에 받고 있는 이 시대 최고의 스타다. 그는 한 인터뷰를 통해 미혼 스타들에게는 피할 수 없는 '사랑과 연애'에 대한 질문을 받고 이렇게 답했다.

> 사랑은 자연현상과도 같은 부분이라서 너무나 어려운 일인 것 같아요.

자연 현상이라…… 마음을 표현하는 수사로 참 잘 어울리는 단어다. 이 같은 견해는 그 대상이 반드시 사람이 아닐 경우에도 똑같이 적용될 수 있을 것 같다. 인생이라는 과정이 어쩌면 무언가를 사랑한 것의 역사이기도 하니 말이다. 내 남동생이 네 살 때는 뽀로로를 가장 좋아하다가 지금 열네 살이 되어 L. O. L League of Legend 을 가장 좋아하게 된 것도 크게 다르지 않은 것이리라.

단지 대상을 달리할 뿐 무언가를 좋아하는 마음은 반드시 생을 뚫고 나온다. 그리고 이 마음은 나이가 들수록 시간이 흐를수록 좀더 정교하고 세밀해진다. 이 같은 과정을 통해 우리는 나와 분리할 수 없는 또 다른 하나의 세계를 가지게 된다. 하정우에게 연기가 그렇고 내게는 지금 광고가 그렇다.

하지만 그 마음이 발현되는 시기에는 분명 사람마다 차이가 있는 것 같다. 무언가를 좋아하는 마음을 좀 더 일찍 알았느냐, 늦게 알았느냐의 차이일 뿐 지금 당장 꿈이 없다고 해서 당신이 인생이 초라한 것은 아니다. 큰 인내심을 요구하지 않는다. 그러니 조금만 기다리길 바란다.

당신의 꿈은 이미 마음 속에 싹을 틔웠다. 곧 뚫고 나올 태세다. 내 마음을 뚫고 나올 그 녀석이 어떻게 생겼는지 너무 궁금하다. 그럴 때 힌트를 얻을 수 있는 방법이 있다. 바로 '싹'을 잘 살펴보는 것이다.

스물 한 살 내 마음 속에서 광고라는 꿈이 튀어나오기까지 생각해보면 꽤 많은 힌트들이 있었다. 내 꿈의 싹은 일련의 공통점을 띄고 나의 유년기와 사춘기를 관통해 자라오고 있었다.

나는 어렸을 때부터 부모님과 선생님 말씀을 꽤 안 듣고 오로지 친구들이랑 노는 데에만 정신 팔린 무늬만 학생이었다. 그래도 그나마 내가 좀 잘하는 게 있었으니 그것이 바로 '글쓰기'이다. 성적은 고만고만하고 독서량도 바닥을 쳤지만 글짓기 대회에서는 곧잘 상을 받아오곤 했다.

이런 싹은 중학생이 되자 '시'라는 모습으로 그 형태를 바꾸었다. '글쓰기'에 사춘기의 '허세'가 결합된 결과였다. 이때쯤 장래희망이라는 것에 대해 처음 생각할 때여서 나름 시인을 꿈꾸기도 했는데 깊이도 없고 의식도 없는 껍데기였다. 단지 시인이라는 게 뭔가 있어 보이고 멋있어 보인다는 생각만이 전부였다.

고등학생이 되어 다시 생각해보니 왠지 난 기자가 돼야 할 것 같았다. 이번에는 '시인'에 '현실'이 결합된 결과였다. 나름 머리가 여

물고 보니 '시만 먹고 살아도 배부르다'는 가난한 시인의 고매함은 잘 먹고 잘 살고 싶은 속물적인 나와는 거리가 있다고 느껴졌다.

그렇게 대학에 와 학보(學報) 기자를 하면서 보니 조금 답답한 면이 있었다. '시인' 타령하던 애가 '팩트' 전달을 하려니 표현력에 제한을 받는 느낌이었다. 물론 기사라는 형식의 틀 안에서 그것을 해내는 것이야 말로 뛰어난 기자의 자질이라는 것은 알았지만 내겐 한 치수 작은 옷을 입은 것처럼 갑갑하기만 했다.

1년 만에 학보 기자를 그만두고 방황하던 차에 내가 좋아하는 선배가 광고 멘토링을 함께 하자고 제안했다. 특정 분야에 뛰어난 선배들이 멘토가 되어 소수의 후배들에게 그룹 과외를 해주는 형식이었는데 문제는 학교 수업이 전부 끝난 후에 진행된다는 것이었다.

당시에 나는 여전히 신입생 티를 못 벗은 철 없는 2학년이었다. 학교가 끝났는데 왜 학교에 가서 공부를 또 해야 하는지 도저히 이해할 수 없었다. 선배는 한번 가보고 재미 없으면 안 가도 된다고 여러 번 나를 설득했다. 선배가 학교 앞 식당에서 비빔밥을 사 먹이고 싫다는 나를 억지로 멘토링 수업에 끌고 갔던 그 날을 정확히 기억한다.

바로 그 날 드디어 나의 꿈은 내 마음을 뚫고 나왔다. 처음 본 광고 기획서의 첫 인상은 전혀 알지 못했던 새로운 장르의 문학 같았다. 사회 현상이 들어있는 걸 보니 기사 같기도 하고, 비즈니스 이론이 들어있는 걸 보니 논문 같기도 하고, 카피가 들어있는걸 보니

시 같기도 하고, 전체적으로는 기승전결이 확실하고 스토리가 탄탄하여 소설 같기도 했다.

늘 이건 이래서 싫고 저건 저래서 싫었던 내게 광고는 싫은 구석이 하나도 없이 완벽히 다 마음에 쏙 들었다. '시인'처럼 가난하게 살지 않아도 되고, '기자'처럼 형식을 갖추지 않아도 될 것 같았다.

그 날 파워포인트라는 프로그램도 처음으로 보았는데 아무 것도 없는 흰 바탕에 글씨는 물론 그림도 그리고 음악도 넣을 수 있다고 했다. 그 흰 바탕을 보고 멍해지는 기분도 너무 좋았다. 아무 형식도 원칙도 없이 어떤 것이라도 내가 원하는 것으로 채워도 된다는 자유로움이 내 마음의 싹을 세차게 잡아당겼다. 그리고 그것은 내 꿈이 되었다.

말하고 싶지만 말로는 할 수 없는 것

숨기고 싶지만 숨길 수 없는 것

말하고 싶지만 하면 안 되는 것

아마도 그래서 사람들은 그림을 그리는 것 같다.

오상택

좋아하는 마음, 하고 싶은 마음의 싹은 언젠가 반드시 튀어나온다. 그리고 그것은 그림일 수도 있고 사진일 수도 있고 광고일 수도 있고 자동차일 수도 있다. 중요한 것은 나의 싹이 원하는 것에 계속

해서 귀를 기울이는 것, 그 싹이 마음 놓고 꿈으로 튀어나올 수 있게 건강한 〈식스팩〉을 길러두는 것일 테다.

그런데 아무리 보아도 내 싹은 어떤 색인지 보이지 않을 수도 있다. 내 친구들은 다 앞을 보고 달려가는데 나만 꿈이 없는 것 같아 불안하다. 꿈이 적기에 튀어나오게 하기 위해서는 어떻게 해야 할까?

여기 근대미술을 대표하는 한국의 위대한 조각가 권진규가 있다. 지난 2009년 그가 수학한 일본의 무사시노 미술대학은 개교 80주년을 맞아 그 동안 배출한 수많은 동문 중 학교를 대표할 만한 작가를 선정하기로 했다. 걸출한 미술가들을 제치고 한국인인 그의 특별전이 열린 것은 많은 것을 시사하게 한다.

권진규는 부호(富戶)의 자제로 태어나 일제강점기를 거쳤다. 어려서부터 남달리 흙장난을 좋아하고 손재주도 좋았다는 '싹'이 있었지만 그를 조각의 세계로 이끈 시작은 그 '싹'에 있지 않았다.

스물한 살이 되던 해 그는 형과 함께 일본 도쿄를 방문했다. 처음으로 오케스트라 음악을 감상하게 된 후 단번에 매료됐다. 그리고 문득 '음(音)을 양감으로 표현할 수 없을까?'라는 생각에 미쳤다. 그가 조각가를 목표로 하게 된 결정적인 계기라고 전해져 온다.

그는 음악에 반했다. 이 아름다운 음악을 만질 수 있다면 좋겠다고 생각했다. 그것은 조각이라는 꿈으로 튀어나왔다. 그는 위대한 조각가였지만 동시에 음악가였을지도 모른다.

이처럼 꿈은 언제 어디서 어떻게 튀어나올지 전혀 예측불가다. 싹은 반드시 하나가 아닐 수도 있고 붉은 싹에서 파란 꿈이 나올 지도 모른다. 어느 날 갑자기 싹으로 잠재될 수도 없을 만큼 강렬한 꿈이 한 순간에 내 인생을 뚫고 나올 수도 있다. 중요한 건 다양한 경험과 그것을 대하는 열린 태도에 있다. 꿈을 빨리 찾고 싶다면 싹이 잘 자랄 수 있도록 내 마음에게 자주 물을 줘야 한다. 그 물이 음악이든 영화든 어떤 것이라도 상관없다.

사람에게는 각각 어떤 특별한 연대가 아니면 가질 수 없는
특별한 것이 존재한다. 작은 불꽃 같은 것이다.
주의 깊고 운 좋은 사람은 그것을 소중하게 유지하여
커다란 횃불로 승화시킬 수 있다. 하지만 단 한번이라도 실수를 하면
그 불꽃은 꺼져 버리고 영원히 되찾을 수 없다.

무라카미 하루키, 《스푸트니크의 연인》

내 꿈은 어디쯤에서 오고 있을까? 지금도 수많은 꿈의 싹이 당신을 감싸고 있고, 그 중 하나는 당신의 생에 운명처럼 특별한 존재로 다가올 것이다. 처음에 그것은 작은 불꽃처럼 연약할 수도 있다. 건강한 〈식스팩〉으로 그 싹을 놓치지 말고 꼭 붙들 준비를 하자. 언젠가 아름다운 꿈의 횃불을 활활 태울 수 있는 날이 반드시 올 것이다.

# 옷보다 마음이 먼저 보였다

최근 좋아하는 후배 하나가 연애를 시작했다. “그 오빠를 많이 좋아해요.”라고 말하는 눈 속에서 나는 아직 만난 적 없는 그를 본다. 우리는 마주보고 앉아있지만 그 애는 진한 핑크색 기운에 둘러싸여 마치 다른 세계에 있는 사람 같다. 사랑은 사실 눈에 보이는 감정일지도 모른다.

그리고 여기 조금 다른 사랑을 하는 후배도 있다. “저 진짜 광고가 너무 하고 싶어요.” 핑크색 기운을 한 겹 들춰보니 거기엔 걱정과 불안이 있다. 두터운 감정이 여러 겹 그녀를 둘러싸고 있어 사람과 이야기를 하는지 감정과 이야기를 하는지 헷갈린다.

꿈을 향해 나아가는 방법을 말할 때 우리는 자주 열정을 이야기한다. 꿈에 더 가까워지고 싶은 강렬하고 지속적인 욕망을 일컫는 말일 테다. 많은 자기계발 서적이 열정을 필수 요소로 꼽았다. 〈식스팩〉은 이 열정이 발현되는 방식에 대해 이야기하고 싶다.

> 그의 쇼 열 아홉 번은 착한 아들이 어머니에게 차려드리는 아침상처럼 매번 살뜰하고 지극했지만, 그 정성이 너무 커서 어떨 땐 옷보다 마음이 먼저 보였다. 그래서 신전의 조각처럼 완벽하게 구조적인 재킷과 그렇게 우아한 펄럭임은 꿈에서도 못 본 아름다운 팬츠는 자주 '스토리'에 묻혔다.

지난 2011년 디자이너 김서룡의 스무 번째 컬렉션 준비에 대한 패션지 GQ의 기사 일부다. 후배와의 대화 속에서 감정과 이야기하는 것 같은 느낌이 무엇이었는지 정확히 드러난 글이다. 마음이 먼저 보였고 스토리에 묻혔다. 그게 전부다.

> 쇼에 관한 모든 것을 상의하고 싶다는 이야기를 듣고 가장 먼저 한 얘기는 '디자이너의 기분'이었다. 쇼를 보는 사람은 런웨이의 공기만으로도 무대 뒤 디자이너의 고통과 실망, 혹은 안도와 여유를 느낀다. 그리고 그 기분은 온전히 전달된다.

열정은 분명 지구상에 유일하게 존재하는 꿈의 추진력이다. 그러나 이 열정을 제대로 컨트롤하지 못하면 스스로의 열정에 치이고 볶인다. 그렇게 매번 뜨겁게 들떴다가는 마치 영혼이 소멸될 것 같다. 연료에 적당한 열을 가하면 자동차를 움직일 수 있지만 불을 붙이면 그대로 타버리는 것처럼 말이다.

과도한 열정은 반드시 보는 사람에게까지 그 열(熱)을 전한다. 내가 좋아하는 배우 박기웅은 '어떻게 전달될지를 알고 연기하고 싶다'고 말했다. 열정만 넘치는 당신에 대한 인상에는 더 이상 덧붙일 말이 없게 된다.

앞서 스펙을 머리에 이고 다니는 현상에 대해 비판했었는데 지나치게 열정을 앞세우는 것도 크게 다르지 않은 것 같다. 무엇보다 중요한 것은 자기 자신을 보이는 것일 테니 말이다.

'지나친 열정은 포기를 부른다'는 말이 있다. 어떻게 보이는지도 중요하지만 자기 자신의 동기부여를 위해서도 열정을 컨트롤하는 것은 필요해 보인다.

심리학에 '자기 패배적 악순환'이라는 개념이 있다. 지나치게 높은 목표와 동기는 오히려 부담감으로 작용하여 집중을 방해하고 효율을 떨어뜨리기 일쑤다. 이 때문에 실패했을 경우 그 원인을 노력 부족으로 꼽으며 더 높은 목표와 무리한 계획을 세우게 되는데 이런 과정이 반복되면 포기에 이르게 된다는 것이다.

영화 감독 알프레드 히치콕Alfred Hitchcock은 자신의 작품을 제대로 표현하지 못하는 배우를 두고 '죽이고 싶은 충동'을 느꼈다고 회고했는데 이는 분명 자기 자신에게도 적용해 볼 수 있는 말이다. 지나친 열정에 부합하지 않는 자기 자신을 자책하고 미워하는 것은 꿈을 가꾸어나가는 데 아무런 도움이 되지 않는다.

그렇다면 지나친 열정을 경계하기 위해 우리는 어떻게 해야 할까? 열정을 말할 때 우리는 흔히 냉정을 함께 이야기하곤 한다. 이 둘은 감정을 표현하는 대표적인 단어다. 우리에겐 유명한 일본 소설의 타이틀로 더 익숙해졌다.

김상근 교수는 그의 저서 《인문학으로 창조하라》를 통해 냉정과 열정 사이를 자유롭게 넘나들며 그 '경계'를 오가는 것의 중요성을 강조했다. 두 감정이 가지는 강점이 필요한 때를 올바르게 판단하고 적절하게 활용할 줄 알아야 한다는 뜻이다. 열정의 강도를 컨트롤하는 능력이 필요한 이유다.

사랑을 갈망하면서도 사랑에 실패하는 이유는 사랑하는 동안
'사랑을 하는 능력'이 아니라 '사랑을 하는 대상'에 초점을 맞추기 때문이다.

에리히 프롬(Erich Fromm)

뜨겁게 열렬히 사랑만 했다가는 실패한다. 사랑하지 말라는 것이 아니다. 사랑을 이루기 위해서는 어떻게 해야 하는지 고민하는 것

이 먼저라는 뜻이다.

이렇게 많이 사랑하고 있으니 받아달라는 것은 초등학생이나 하는 짓이다. 당신은 사랑하기에 그에게 무엇을 해줄 수 있는가? 또한 그것은 그가 진정으로 원하는 것일까? 오늘만큼은 열정에 냉정을 한 꺼풀 씌워 생각해 보자. 사랑을 이루는 일은 어느 유명한 광고 카피와 비슷한 것일지도 모른다. '당신의 능력을 보여주세요'

# 이왕 이렇게 된 거 사귀자

어쨌든 우린 좀 많이 힘들다. 해야 할 건 많고 하고 있는 건 더 많고, 결과를 내기까지는 오랜 시간 인내해야 하고, 어렵게 얻어낸 성과는 손에 잡히지 않아 잘 모르겠다. 과정이라는 건 이토록 불안하고 연약해서 자꾸만 위태로움을 느끼게 한다.

아이러니하게도 우리를 불안하게 하는 건 이 생활을 언젠가는 끝내야만 한다는 사실 때문이다. 대학 생활은 무한하지 않다. 의지나 상황에 따라 기간을 조정할 수 있을지언정 언젠가는 이 곳을 벗어나 새로운 세계로 가야만하고 그래서 그 시간이 다가올수록 설레면서도 조금은 초조해진다.

그러나 한 가지 분명한 사실은 이 시간을 잘 견디지 못하면 더 끔찍한 세계를 맞아야 한다는 것이다. 대기업도 아니고 연봉도 적은 회사에 취직해야 한다는 뜻이 아니다. 대학 생활은 기간이 정해져 있지만 사회 생활은 아니지 않는가? 스스로의 마음을 다스리는 법을 알지 못한 채 사회 생활을 시작하면 4년이 아니라 40년이 힘들다.

취업을 준비하는 일련의 과정에 어쩔 수 없이 수반되는 스트레스를 잘 관리하기 위해 우리는 어떻게 해야 할까? 우선은 이 스트레스를 몇 가지 유형으로 나누어 생각해 볼 수 있다.

"솔직히 말해서 넌 노력하고 있지 않아. 그냥 징징대고 있을 뿐이야."

영화 〈악마는 프라다를 입는다〉 中

악마 같은 편집장이 자신을 인정해주지 않는다고 울먹이는 여주인공 앤드리아에게 늘 자신을 위로해주던 멘토 격의 디자이너 나이젤이 단호하게 하는 말이다.

생각하는 만큼 내 스스로의 행동이 따라주지 않아 스트레스를 받는 경우가 많다. 이 경우 스스로 의지를 북돋우는 것 밖에는 답이 없다. 아니면 깨끗이 욕심을 버리거나. 해변가에 서 있으면 계속 밀려오는 파도를 아프게 맞을 수 밖에 없다. 거센 파도에 떠밀려 어쩔 수 없이 이리 저리 흔들리게 된다. 다른 해변을 찾아 떠나든지 파도가 적은 깊은 바다로 들어오든지 이제는 선택을 할 때도 됐다.

대학시절 가장 매력 없는 친구는 어찌할 바를 몰라 여기저기 기웃거리는 신입생도, 이제 와서 뒤늦게 해보겠다고 팔 걷어붙인 복학생도 아니었다. 1학년 때 "아, 나도 해야 되는데."라고 말했던 내 동기가 4학년이 되어서도 똑같은 말을 할 때였다. '언젠가 타려고 했지만 언젠가라는 요일은 없다네' 할리데이비슨의 광고 카피처럼 오늘을 바로 그 날로 만들지 않으면 언젠가라는 요일은 절대 오지 않는다.

두 번째 유형은 타인의 평가에 영향을 많이 받는 경우이다. 타인이 나를 평가하는 말을 했다면 나도 그 타인에 대해 우선 평가할 필요가 있다. 그 사람이 나에게 어떤 의미를 가지는지 말이다.

나에게 도움이 될 만한 진정한 친구라면 그 평가에 귀 기울일 필요가 있을 것이다. 나를 사랑한다고 무조건 좋은 말을 해주지도 않고 나를 시기해서 못된 말을 할 일도 없는 진정한 나의 조력자들이기 때문이다.

그러나 가끔 나에게 별 관심도 없고 잘 알지도 못하는 사람들이 지나가듯이 툭 던지는 말이 있다. 그리고 대게 그것은 나의 가능성과 잠재력을 인정하지 않는 내용이다.

내가 딱 제일기획 문 앞에서 서성거릴 시절 완벽히 같은 상황에 처했었다. 아무리 상을 받고 인턴을 해도 학벌 때문에 입사는 힘들 거라는 얘기였다. 이런 말에 발끈해 칼을 갈면서 나중에 누가 더 잘 되나 두고 보자는 식의 피로한 생각을 할 필요는 없다. 그들의 입장에서는 당연한 말이기 때문이다.

걔네는 내가 상 받고 인턴하고 지방대 나온 거 밖에 모르니까 그런 소릴 할 수 있다. 나의 가치가 그 이상이라는 것은 스스로 알면 되고 그것은 언젠가 반드시 증명될 것이다.

게다가 그들도 사실 그 얘길 뭐 그렇게 열과 성을 다해서 하는 것도 아니다. 그냥 별 생각 없이 말한다. 자기 일이 아니니까. 〈식스팩〉 만들자는 사람이 뭐 그런 대수롭지 않은 것까지 신경을 쓸 필요가 있을까? 웃고 넘기자.

세 번째는 자신감이 너무 떨어지는 경우다. 뭘 하긴 하는데 확고한 신념도 없고 특별한 재능도 없는 것 같고 맨날 잘 모르겠다는 말만 입에 달고 산다.

어차피 한 대 맞을 거면 내가 맞고 싶은 곳에서 맞겠다.

장항준

영화감독 장항준 역시 우리와 같은 불안하고 연약한 과정을 거쳤던 사람이다. 그 시절 자신의 의지를 다지기 위해 스스로 되새긴 말이라고 한다. 누구에게나 미래는 멀고 아득하여 거기에 서 있는 내 모습은 흐릿하다. 될지 안 될지는 아무도 모른다. 다만 저 정도 두

툼한 배짱은 있어야 한 대 맞아도 덜 아프지 않겠는가?

만약 지금 이 순간이 지옥이라면 그것을 벗어나기 위해서라도 우리는 계속 앞으로 걸어가는 수 밖에 없다.

어쨌거나 스트레스를 유형을 분석하고 있자니 그것도 스트레스다. 도대체 이놈의 스트레스를 어떻게 관리해야 할까? TBWA의 박웅현 ECD는 이렇게 한다고 했다.

"그냥 견뎌요. 나는 그걸 동물에게서 배워요. 눈이 온다고 덥다고 어쩌지 못하잖아요. 먹이를 찾아 헤매다가 다치면 동굴 속에 들어가잖아요. 힘들 때 있고 처질 때 있고 일이 안 풀릴 때 있는데 그게 삶인걸요. 미술평론가 손철주는 '말짱한 영혼은 가짜다'라고 했어요. 살다 보면 영혼은 다 다치게 돼 있어요."

나가서 무작정 달리기를 한다든지 매운 낙지를 쿨피스 없이 먹는다든지 시원하게 사우나를 하고 세신을 받는다든지 그것이 표출되는 방식은 다를지언정 스트레스를 대하는 기본 자세는 이렇게 자연스러워야 할 것 같다.

우리는 순수한 상태로 태어난 이후 상처를 거듭하며 살고 있다. 살다 보면 영혼은 다친다고 했는데 그걸 유연하게 받아들이지 않으면 더 세게 다칠 것만 같다.

러시아 유학 중 어려움을 겪고 있던 배우 박신양에게 깨달음을 준 시의 한 구절이다. 역시 스트레스를 삶의 일부로서 긍정적으로 받아들이는 것이 중요하다는 또 하나의 견해다. 그리고 여기 이와 같은 삶의 태도를 이야기하는 시라고 하긴 뭣하지만 그런 형태를 띤 하나의 글이 있다.

## 수평선

나는 올라가지도
내려가지도 않을 거야

올라가고 싶어 안달하는 일도
내려가게 될까 불안해 하는 일도
나에게는 없을 거야

인생이란 수평선
나는 유유히 그 곳을 걸어갈 뿐이지
오르락 내리락, 엎치락 뒤치락에
마음 졸이는 일 따위는 없을 거야

인생이란 수평선

나는 유유히 그 곳을 걸어갈 뿐이지

강하고 유연하게 걸어가는 수평선 위 걸음걸음

다만 의미 있는 싹을 심을 뿐이지

취업의 문턱. 2010년 6월 15일의 나의 싸이월드 다이어리다. 앞서 시인을 꿈꾼 적이 있다고 고백했는데, 일찍 접길 참 잘했다는 생각이 든다. 추억의 싸이월드라는 것도 웃기고 문장력도 초등학생 수준이지만 창피함을 무릅쓰고 공개하는 이유는 당시의 내 심정이 잘 녹아있기 때문이다.

돌이켜보니 어른이 되는 과정 속에서 마주치는 작은 요소들에 자꾸만 일희일비하여 스트레스에 청춘이 들썩거리던 시절이야 말로 나의 〈식스팩〉이 비롯된 때인 것 같다. 화려하지는 않지만 담백한 표현으로 어지러운 마음을 정제하고 원하는 삶의 가치를 다시 한번 되새기며 긍정적으로 살아가려 노력한 내가 보인다.

어쩌면 나는 스트레스를 받아들임으로써 오히려 더 건강한 사람이 됐는지도 모른다. 힘든 시간도 사랑할 줄 아는 법을 익히자. 그것이 바로 인생을 사랑하는 방법이기 때문이다.

[감사의 글]

# 프로듀서를 만나다

이제 막 재혼한 어느 중년 부부가 있었다. 남편은 늦잠을 자고 부인은 홀로 일찍 일어났다. 부인은 남편의 잠을 깨우지 않고 무얼 하며 기다릴까 생각했다. 그녀는 신문을 집었다. 커다란 신문지를 넘길 때마다 뻣뻣한 종이의 마찰이 소리를 빚었다. 그녀는 신문지에 물을 뿌려 소리를 잠재우고 계속 읽어나갔다. 잠에서 깬 남편이 이 모습을 보고 물었다.

"당신 그런걸 어디서 배웠소?"

"그냥 저절로 알게 되었어요."

나 역시 20대의 끝자락에서 여전히 고군분투하는 젊은이로서 너무나 억울하고 인정하기 싫지만 아무래도 나이가 든다는 건 그런 건가 보다. 나이가 들어 저절로 알게 됐다는 말은 나이가 들지 않으면 절대 알 수 없는 것이 있다는 말일지도 모른다.

앞서 프로듀서라는 개념에 대해 이야기했었다. 우리의 장단점을 꿰뚫어보고 대중의 정서에 맞는 확실한 콘셉트를 잡아 가치를 높여 줄 수 있는 기획자라는 의미였다. 그리고 취업을 하는 데 있어 이런 역할을 해 줄 프로듀서가 따로 존재하는 것 같지는 않다는 말도 덧붙였다.

사실 이제 와서 고백하건대 나는 수많은 프로듀서들의 도움을 받았다. 이것은 단순한 'Thanks to'가 아니다. 나를 프로로 만들어 준 고수들의 치밀하고 전략적인 트레이닝에 대한 소회다.

첫 번째 프로듀서는 학교에 있었다. 한림대학교 손영석 교수님이다. 나의 성장을 가장 가까이에서 오랫동안 지켜보시며 적재적시에 필요한 가이드를 해주신 분이다.

이 프로듀서는 나에게 노래를 하는 데 필요한 가장 기본적인 발성과 창법을 가르쳤음은 물론이요 그냥 단순히 노래 부르는 것만 좋아했던 나에게 끊임없이 프로의 길을 제시해 주었다. 언젠가는 학교를 벗어나 사회에 나가야만 한다는 것을 알지 못했던 나에게 프로에 대한 열망을 불러일으켰다.

이 프로듀싱의 진가는 단순한 동기부여에 있지 않았다. 주기적으로 나의 상태를 체크하고 지금 바로 실행에 옮길 수 있는 현실적인 다음 스텝을 알려주었다.

놀라운 점은 이 모든 프로듀싱이 내가 모르는 사이에 이뤄졌다는 것이다. 수업이 끝나면 맨날 뭐 잘못한 애처럼 교수님 방에 불려갔다. "요즘엔 뭘 하니? 책은 무얼 읽니?"처럼 그다지 중요하지 않은 듯한 질문이 이어졌다. 그런 날은 꼭 숙제가 떨어졌다. "내일까지 50위권 광고 회사를 찾아와라." 같은 것이었다.

처음에는 '이런걸 왜 하지?'라는 의문과 함께 나는 학생이고 선생님이 숙제를 줬으니 해야 한다는 수동적인 자세로 임했다. 그러나 자꾸 그렇게 숙제를 하다 보니 어느 순간 알게 되었다. 언젠가 프로가 되기 위해서는 마케팅 이론 수업 말고도 반드시 필요한 수업이 있고 교수님께선 그 수업을 이미 시작하신 것이었다.

이를 깨닫게 된 후로 나는 완전히 이 프로듀싱에 심취했다. 이때부터는 내가 스스로 나에게 필요한 숙제를 만들어서 해갔다. 특별히 부르지 않으셔도 찾아가서 조언을 구했다. 이 프로듀서는 아마추어처럼 잔소리를 하지 않았다. "공부 열심히 해라." 대신 "이 책 갖고 가서 읽어봐라."고 하셨다. 그렇게 나는 교수님의 가르침을 통해 차근차근 프로의 세계를 읽어나갔다.

두 번째 프로듀서는 학교 밖에서 만났다. 앞서 말했던 〈마케팅 리베로〉의 정신적 지주이신 대학내일 20대 연구소 신익태 소장님이다.

그는 대한민국 대학생의 신뢰를 한 몸에 받고 있는 스타 프로듀서다. 수년간 수천 명의 학생들을 프로듀싱해 어엿한 프로로 성장시킨 장본인이다. 그는 학생이라는 신분을 가지고도 프로의 세계를 경험해볼 수 있는 다양한 시뮬레이션 프로그램을 직접 기획해 운영하고 있었다.

이 프로듀서의 가장 큰 장점은 재능보다는 가능성을 보고 기회를 준다는 것이었다. 지금도 그렇지만 그의 프로그램들은 많은 학생들 사이에서 대단히 인기가 있었다. 현업을 경험해 볼 수 있다는 것은 학생들에게는 누구나 욕심낼만한 메리트였다. 그래서 이 프로그램에 합류하기 위해 오디션은 필수였다. 예쁘고 늘씬한데다 노래까지 잘하는 참가자들이 줄을 이었다.

그러나 그의 선발 기준은 명확했다. 많은 학생들에게 자신도 모르고 있던 숨은 가능성과 잠재력을 발견하고 일깨워주는 것, 나도 그렇게 기회를 얻은 학생 중 한 명이었다.

본격적인 보컬 트레이닝은 마케팅의 날을 정교하고 세밀하게 갈고 닦는 데 있었다. 그는 10년 이상 이 분야에서 일하고 계신 전문가였다. 이 같은 경험을 바탕으로 실전에서 활용할 수 있는 현실적인 코칭을 해주었다. 잘했다고 생각한 기획에서 혹평을 받고, 못했다고 생각한 기획에서 의외의 호평을 받았다. 그의 프로듀싱을 통해 나는 프로의 세계에 통용되는 감각을 익혀나갔다.

이 프로듀서의 진가는 타이트한 보컬 트레이닝뿐만 아니라 진정한 사회 생활의 의미를 가르쳐준 데 있었다. 앞서 말한 것처럼 〈마케팅 리베로〉는 총 10명의 멤버로 구성돼 있었다. 각기 다른 색깔을 가진 친구들을 만나 나는 작은 사회를 미리 경험했다.

이를 통해 모든 일은 나 혼자 할 수 없다는 것, 다른 사람들과 마음을 맞춰나가는 과정을 통해서만 함께 성장할 수 있다는 것을 알게 되었다. 이것은 아직까지도 나에게 가장 중요한 사회 생활의 가치로 남아있다.

세 번째 프로듀서는 제일기획의 김수현 프로다. 내가 제일기획에서 인턴 사원으로 일하는 동안 나를 가장 가까이에서 돌봐주신 분이다. 그녀는 내가 학생에서 진짜 프로가 되는 드라마틱한 성장의 견인차 역할을 해주신 마지막 프로듀서이다.

이 프로듀서는 내가 가까이에서 본 최초의 프로이자 최고의 프로였다. 그녀는 내가 상상했던 멋진 프로의 모습과 한 치의 오차도 없이 완벽히 일치했다. 정말로 이런 일을 이렇게 할 수 있는 세계가 있다는 것을 행동으로 보여주셨다. 나도 프로가 되고 싶다는 막연한 욕망에 불이 붙었다.

이 프로듀서는 어리고 서투른 태도에 가려진 나의 희미한 재능을 발견해 주었다. 당시 나는 천둥벌거숭이였기 때문에 누가 봐도 전혀 프로가 될 만한 재목으로 보이지 않았다. 그러나 그녀는 보이는 것으로만 나를 평가하지 않고 나의 가치가 무엇일지 관심을 가져주었다.

그녀는 매번 나의 생각과 의견을 물어봐 주었다. 날 것 그대로의 아이디어를 말씀드리면 거기에 덧붙여 연속적으로 날카로운 질문을 반복하셨다. 이를 통해 작은 의견에 그칠 수 있던 아이디어는 하나의 논리의 흐름으로 자연스럽게 발전되었다. 그녀는 이 같은 과정을 통해 나에게 프로처럼 말하고 프로처럼 생각하는 연습을 시켜준 것이었다.

이처럼 이 프로듀서의 진가는 원석으로서의 나의 작은 가능성을 갈고 닦아 프로의 것으로 바꿔준 데 있었다. 나는 천천히 프로의 태도와 매너를 익혀나갔다.

그렇게 두 달의 인턴이 끝난 후 제일기획의 신입사원 임원면접을 보러 갔다. 고대하던 마지막 오디션이었다. 화장을 하고 머리를 묶고 그녀가 지어준 프로의 옷을 입었다. 그 옷은 더 이상 내게 크지 않았다. 처음부터 나에게 맞춘 듯 꼭 달라붙었다. 그렇게 나는 최고의 오디션을 치르고 마침내 프로가 되었다.

나의 프로듀서들은 오랜 시간 많은 경험과 노력을 통해 완성된 혜안(慧眼)을 빌려주었다. 그 눈을 통해 어린 내 눈에는 절대 보이지 않았던 더 넓은 세상을 볼 수 있게 늘 본인의 옆자리를 내어주셨다.

생각할수록 가슴이 먹먹해지는 일이다.

그러나 나는 특별히 내가 운이 좋아서 이런 프로듀서들을 만났다고 생각하지 않는다. 늘 우리의 주변에는 당신의 가능성을 알아보고 키워줄 좋은 프로듀서들이 있다. 전공 교수님, 현업에 진출한 선배님, 내 옆에 많은 친구들, 생각지 못한 인연들까지 셀 수 없이 많다. 지금부터 프로듀서를 찾아 나서자. 건강한 〈식스팩〉을 만들어줄 강도 높은 트레이너가 되어줄 것이다.

덧붙여 지금의 나를 키우고 계신 제일기획 지옥의 전사들에게도 마음을 전한다. 철없는 나를 가르쳐 사람 만드시는 선후배들의 노고에 늘 고개가 숙여진다. 한보현, 구경모, 임천학, 장태환, 김용진, 변중규, 박종범, 허정문, 이형민, 송지웅 고맙습니다.

모르는 것은 한 발 앞서가는 언니가, 놓친 것은 한 발 뒤에 오는 동생이 챙겨준 덕에 나는 연약한 20대를 꽤 건강하게 살아갈 수 있었다. 그녀들과 같이 있을 때 늘 설레는 이유는, 앞으로 우리가 얼마나 더 멋진 일을 함께 해낼 수 있을지 기대되기 때문이다. 정유미, 남경아 좋아합니다.

나의 가장 친한 친구인 엄마, 아빠와 두 동생에게도 마음을 전한다. 산 좋고 물 좋은 곳에서 건강하고 행복하게 지내주셔서 고맙다. 특히 아빠가 퇴직을 하시고 농부가 되어 주셔서 가장 고맙다. 과수원집 딸내미는 예쁘기로 소문난다는데, 내가 그 과수원집 첫째 딸이 되어 정말 기쁘다. 전성일, 홍종순, 전현주, 전우빈 사랑합니다.

[맺는 말]

# 초코바를 쟁여놓는 지혜를 위하여

언젠가 한 후배가 공모전에 낼 아이데이션Ideation을 한다며 이렇게 물은 적이 있다. “요즘 대학생들이 가장 자유로울 때는 언제일까요?” 자유로운 이미지를 표방하는 한 초코바 브랜드의 공모전이었다. 나는 바로 답했다. “지금”

후배는 이해할 수 없다고 했다. 취업 스트레스에 짓눌린 채 스펙 쌓기에 열중해야 하는 지금을 자유로운 시간으로 볼 수 없다는 것이었다.

하지만 나는 생각했다. 도서관의 작은 책상에 갇혀 있을지언정 스스로의 꿈을 가꾸기 위해 노력하고 있음에서 이미 충분히 자유롭다고 말이다. 그 후배도 누구의 의지도 아닌 자신의 뜻에 따라 공모전을 준비하고 있을 터였다. 그녀의 동의를 얻어내는 데는 그리 오래 걸리지 않았다.

생각해보면 〈식스팩〉의 모든 결론도 늘 이런 식이었던 것 같다. 스펙이 중요한 것은 아니지만 반드시 있어야 하고, 열정도 과하면 일을 그르치지만 또 없어서는 안 된다고 한다. 그러나 취업을 끝이 아닌 인생의 과정으로 보는 장기적인 관점에서 모든 경우에 딱 들어맞는 단 하나의 비결이란 없는 것 같다. 역설적인 것이야 말로 사실은 정답에 가장 가까운 것일지 모른다.

얼마 전 친구와 함께 핸드 드립 커피 클래스에 갔었다. 자신이 직접 간 원두로 커피를 내려 마시면서 꽤 의미있는 대화들이 오고 갔다. 궁극에 주제는 인생으로 이어졌다. 누군가 내게 물었다.

"어떻게 살고 싶으세요?"

문장 그대로 써놓고 보아도 어디 하나 틀린 구석이 없이 명확한데 당시에는 마치 외계어를 들은 듯 몹시 생경하고 낯설었다. 생각해보니 누군가에게 그런 질문을 해본 적도 받은 적도 없는 것 같았다. 한참 입 안에 커피를 머금고 곰곰이 생각해 답을 꺼냈다.

"그 질문을 계속 하면서요."

어쩌면 〈식스팩〉을 통해 가장 하고 싶은 말이다. 우리를 둘러싼 환경은 끊임없이 변화를 거듭하고 그 변화 속에서 우리의 몸과 마음도 성장을 멈추지 않는다.

인생의 모든 순간을 관통하는 정답이 없는 이유는 단 한 순간도 같은 순간이 없기 때문일 것이다. 그래서 늘 내가 원하는 것이 무엇인지 내 마음의 소리에 귀를 기울여야 한다. 끊임없이 스스로에게 질문을 하면서 그때그때 유연하게 답을 구하는 것이야 말로 단 하나의 요령일지 모른다.

인생을 시작하는데 필요한 두 가지 과제. 너의 범위를 점점 더 좁힐 것과 너의 영역 밖에 네가 숨어 있지 않은지 계속해서 살펴볼 것

무라카미 하루키, 《해변의 카프카》

지금은 인생의 질문을 당신을 영역을 살피는데 집중했으면 좋겠다. 마음의 희미한 소리도 놓치지 말고 끈질기게 최대한 많은 자신의 모습을 발견하길 바란다. 분명 그 중 하나는 미래의 내가 될 테니 말이다.

누군가 말했다. 청춘의 대체어를 찾아야 한다고. 하도 여기저기서 청춘 청춘 해대니 그 낭만적 기운이 소멸될 것 같다고 말이다. 그러

나 만일 어떤 말이 청춘을 대체할 수 있다면 그것은 진정 청춘이 아닐 것이다.

그러니 청춘이여, 그 낭만적 기운을 꽉 붙들어 그 자체로 완벽하기를 바란다. 청춘이 인생의 과정일지언정 그것이 어른이 되기 위한 과정은 아니다. 우리는 아직 어른이 되지 못해 불완전하지도 모자라지도 않다.

청춘은 청춘이고 어른은 어른이고 각각은 그 자체로서 완벽한 순간일 뿐이다. 그러니 불안해하지도 겁을 내지도 말기 바란다. 주어진 청춘을 완전히 누리길 바란다.

아더 블로크Arthur Bloch의 머피의 법칙Murphy's Law 중에는 쇼핑백의 법칙이라는 것이 있다. 집에 가는 길에 먹으려고 생각한 초코바는 반드시 쇼핑백의 밑바닥에 있다는 것이다.

나는 청춘에게 《식스팩》이 딱 이 정도의 역할만 하기를 바란다. 집에 가는 길에 먹으려고 생각한 초코바는 계산할 때 뒷주머니에 넣어 놓는 것. 딱 그만큼의 행동만 따를 수 있었으면 한다. 분명 그 작은 것으로부터 건강한 〈식스팩〉이 시작될 것임을 믿기 때문이다. 이제 나는 초코바를 사 먹을 때마다 여러분이 많이 생각날 것 같다.

## [참고문헌]


김연아. (2010). 『김연아의 7분 드라마』. 중앙출판사.

차범근. (2006. 6. 18). 차붐@월드컵 나에게 축구는 '전투'였는데 아들 두리는 '행복한 생활'인 듯. 중앙일보.

전옥표. (2007). 『이기는 습관』. 쌤앤파커스.

김훈. (2004). 『자전거 여행1』. 생각의나무.

김훈. (2004). 『자전거 여행2』. 생각의나무.

Herman Melville. (2011). 『Moby-Dick: or, The Whale』. (김석희 옮김). 작가정신. (원서출판 1851).

Lewis Carrol. (2014). 『Alice In Wonderland』. (베스트트랜스 옮김). 더클래식. (원서출판 1865).

김영하. (2010). 『퀴즈쇼』. 문학동네.

Michael Ende. (1999). 『MoMo』. (한미희 옮김). 비룡소. (원서출판 1973).

Jon Gordon. (2012). 『Soup : a recipe to nourish your team and culture』. (김소정 옮김). 한국경제신문사. (원서출판 2010).

Edward Osborne Wilson. (2005). 『Consilience : the unity of knowledge』. (최재천, 장대익 옮김). 사이언스북스. (원서출판 1998).

Kotler Philip. (2010). 『Marketing 3.0 : From Products to Customers to the Human Spirit』. (안진환 옮김). 타임비즈.

이지훈. (2010). 『혼창통』. 쌤앤파커스.

김난도, 이향은 외 4명. (2014). 『트렌드 코리아 2015』. 미래의창.

최지은, 위근우 (2014. 6. 5). 〈밀회〉 안판석 감독 "중요한 건 인간을 의문 속으로 빨려 들어가게 하는 것". ize, 2014. 6. 5. http://www.ize.co.kr/articleView.html?no=2014060417077249879

Nicholas Carr. (2011). 『The shallows』. (최지향 옮김). 청림출판. (원서출판 2010).

Ludwig Wittgenstein. (2006). 『Philosophische untersuchungen』. (이영철 옮김). 책세상. (원서출판 1953).

David Ogilvy. (1993). 『Confessions of an advertising man』. (이낙운 옮김). 서해문집. (원서출판 1963).

Kevin Robets. (2012). 『Lovemarks』. (양준희 옮김). 서돌. (원서출판 2007).

공선옥 외. (2008). 『머뭇거리지 말고 시작해』. 샘터.

하상욱. (2013). 『서울시 1』. 중앙북스.

Macdonald, Kyle. (2008). 『One red paperclip』. (안진환 옮김). 소담출판사. (원서출판 2007).

네이버 영화 (2012. 2. 27). 스페셜 리포트 하정우 공효진의 로맨틱 코미디 러브픽션 매력분석. 네이버 영화, 2012. 2. 27. http://movie.naver.com/movie/magazine/magazine.nhn?nid=1334

무라카미 하루키. (2010). 『스푸트니크의 연인』. (임홍빈 옮김). 문학사상. (원서출판 1999).

강지영. (2011. 1.). 김서룡의 2011년 봄여름 컬렉션 LOVE. GQ, 2011. 1.

김상근. (2013). 『인문학으로 창조하라』. 멘토프레스.

무라카미 하루키. (2008). 『해변의 카프카 상』. (김춘미 옮김). 문학사상사. (원서출판 2002).

무라카미 하루키. (2008). 『해변의 카프카 하』. (김춘미 옮김). 문학사상사. (원서출판 2002).

Athur Bloch. (1999). 『Murphy's Law』. (정영문 옮김). 까치. (원서출판 1991).

중앙경제평론사
중 앙 생 활 사

Joongang Economy Publishing Co./Joongang Life Publishing Co.

**중앙경제평론사**는 오늘보다 나은 내일을 창조한다는 신념 아래 설립된 경제 · 경영서 전문 출판사로서 성공을 꿈꾸는 직장인, 경영인에게 전문지식과 자기계발의 지혜를 주는 책을 발간하고 있습니다.

식스팩 : 취업 스펙 매니지먼트

초판 1쇄 인쇄 | 2015년 1월 22일
초판 1쇄 발행 | 2015년 1월 27일

지은이 | 전지혜(Jeehye Jeon)
펴낸이 | 최점옥(Jeomog Choi)
펴낸곳 | 중앙경제평론사(Joongang Economy Publishing Co.)

대 표 | 김용주
책임편집 | 이종무
본문디자인 | 조경미

출력 | 케이피알 종이 | 한솔PNS 인쇄 | 케이피알 제본 | 은정제책사

잘못된 책은 구입한 서점에서 교환해드립니다.
가격은 표지 뒷면에 있습니다.

ISBN 978-89-6054-137-5 (03320)

등록 | 1991년 4월 10일 제2-1153호
주소 | ㊥ 100-826 서울시 중구 다산로20길 5(신당4동 340-128) 중앙빌딩
전화 | (02)2253-4463(代) 팩스 | (02)2253-7988
홈페이지 | www.japub.co.kr 블로그 | http://blog.naver.com/japub
페이스북 | https://www.facebook.com/japub.co.kr 이메일 | japub@naver.com
♣ 중앙경제평론사는 중앙생활사 · 중앙에듀북스와 자매회사입니다.

※이 도서의 국립중앙도서관 출판시도서목록(CIP)은 서지정보유통지원시스템 홈페이지(http://seoji.nl.go.kr)와 국가자료공동목록시스템(http://www.nl.go.kr/kolisnet)에서 이용하실 수 있습니다.(CIP제어번호: CIP 2014037706)